数学阅读的教与学

宋君 著

中原出版传媒集团
中原传媒股份公司
大象出版社
·郑州·

图书在版编目(CIP)数据

数学阅读的教与学 / 宋君著. — 郑州 : 大象出版社, 2019. 7 (2025. 2 重印)
ISBN 978-7-5711-0145-9

Ⅰ. ①数… Ⅱ. ①宋… Ⅲ. ①小学数学课-课外读物
Ⅳ. ①G624. 503

中国版本图书馆 CIP 数据核字(2019)第 038231 号

数学阅读的教与学

SHUXUE YUEDU DE JIAO YU XUE

宋 君 著

出 版 人 汪林中
责任编辑 梁金蓝
责任校对 裴红燕
装帧设计 王 敏

出版发行 大象出版社(郑州市郑东新区祥盛街 27 号 邮政编码 450016)
发行科 0371-63863551 总编室 0371-65597936
网 址 www. daxiang. cn
印 刷 河南龙华印务有限公司
经 销 各地新华书店经销
开 本 787 mm×1092 mm 1/16
印 张 11
字 数 143 千字
版 次 2019 年 7 月第 1 版 2025 年 2 月第 5 次印刷
定 价 27. 00 元

印厂地址 河南省获嘉县亢村镇纬七路 4 号
邮政编码 453822 电话 0373-6308296

走向深度的数学阅读

数学阅读是指围绕数学问题或相关材料，以阅读经验为基础，以数学知识为媒介，使用数学语言感知和认读数学相关材料，并对材料加以理解和应用、推理和想象、反思和总结等一系列活动的总和。数学阅读不能狭义地理解为数学课外开展的阅读，简言之，是指教师引导学生利用课内外时间，围绕课本以外的数学阅读资源开展的一系列阅读活动。数学阅读是解决学习过程中遇到的问题的重要途径，是提高数学思考的有效手段。

提到阅读，人们通常想到的是语文方面的阅读，很少将阅读与数学联系在一起。可见，数学阅读是一个被忽视的课题。因此，重视数学阅读，在实施新课程的今天，具有重要意义。但目前大多数的相关研究都是概念化的描述和理性化的概括，缺乏可操作性的方法和案例。

本书通过数学阅读的教与学，指导学生养成高观点背景下的深入思考，注重引导学生掌握数学阅读的方法，真正在数学阅读中学数学、用数学、玩数学。

数学阅读，能够启迪学生的智慧；数学阅读，能够使学生进行心灵的对话；数学阅读，能够引领学生智慧地成长……希望学生们全身心地投入阅读，在数学阅读中收获美好的童年。

进行数学阅读是快乐的，快乐着你、我、他；进行数学阅读是幸福的，我们幸福地一路前行；进行数学阅读是温馨的，在阅读中分享心灵深处的声音……静静地阅读，大声地朗读，无论哪种方式都是一种交流与分享。读书，就是生活，像呼吸一样自然。让我们一起阅读，一起成长，分享阅读的快乐。阅读是一种最自然的生命状态，是一种行走的姿态，也是一种人生的境界。阅读，给学生打开了一扇窗，让学生通过这个窗口看到一片广阔的天地，让学生有一个更为广阔的视野。

回顾我开展数学阅读的日子，我彷徨过、退缩过、放弃过，但最终我坚持下来了。从1999年的有意识关注到后来的专题研究，在这20年的时光里，难忘我校阅读团队的支持，在很多关心数学阅读同行的支持下，在众多报刊编辑的支持下，我一直思考着、研究着。从刚开始不知道怎么做数学阅读，到不断查找资料，到编写自己的数学校本课程——《魔力数学》，再到在河南最具影响力教师课堂观摩、金硕杯课堂教学展示数学阅读，又将此内容作为课题进行研究，得到美国特拉华大学数学系、数学华人教育家蔡金法教授的指导。这一路走来，从刚开始的“跟着兴趣”的广泛性阅读走向专业化深度的阅读，用儿童的视角来思考阅读。2015年，数学阅读被立项为郑州市重点课题进行研究；2016年，“小学数学课外阅读策略的行动研究”作为中原名师专项课题立项。如果以时间为轴，可以将我开展数学阅读的实践历程梳理如下图：

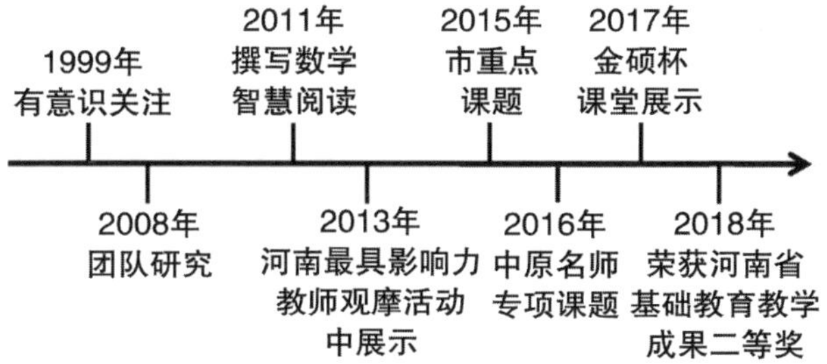

我最大的收获就是在数学阅读中与学生一起成长，在和学生一起实践中让我的数学阅读课程成为独具特色的课程。正是这样的行走，我辅导学生撰写的数学阅读故事、小论文等近200篇（约6.5万字），先后发表在公开刊物上，我撰写的有关数学阅读的文章也发表了200余篇（约16万字），这些都是我和学生在开展数学阅读过程中的收获和思考。

多读书，读好书。让我们一起进行数学阅读，一起成长。因为读起来，所以才精彩。让阅读引领精彩，让数学阅读奠基学生的终身发展。

目 录

第一章　小学数学阅读的意义和价值

当今，随着素质教育的深入，我们已经迈进核心素养时代，阅读起着至关重要的作用。数学阅读，更多的是唤醒学生的阅读兴趣，引领学生通过阅读智慧地思考。阅读只是一种手段，其目的是通过阅读促进学生思维的发展，提升学生的数学素养。

数学阅读，促进学生在积极的阅读过程中进行智慧地思考，在积极的思考过程中提升思维的品质。数学阅读，阅读是手段，通过阅读，不断丰富学生的认知，使学生能够在阅读的过程中以数学的眼光透过文字找到背后的数学思想，引发数学思考，引领学生智慧地思考。

数学阅读，关注的是阅读，但核心是促进数学思维的发展，通过课外阅读，不断促进学生的思维发展。重视数学阅读，不仅可以培养学生阅读能力，而且有助于学生个性化学习，使每个学生能通过自身的努力达到各自可能达到的水平。要使每个学生都能得到充分发展，其有效途径是集体教学与个别学习相结合，而有效的个别学习的关键是教会学生进行阅读。研究表明，造成一些学生学习数学感到困难的因素之一是他们的阅读能力差，在阅读和理解方面特别弱。因此，促进学生思维的发展，使数学学习变得有趣、好玩，我们应该重视数学课外阅读。

一、小学数学阅读概述

阅读是搜集处理信息、认识世界、发展思维和获得审美体验的重要途径，是学生的个性化行为。具备良好的阅读理解与表达交流的基本能力，是现代社会对公民的基本要求。阅读是人类汲取知识的主要手段和认识世界的重要途径。一谈到阅读，人们想到的往往是语文阅读，然而，随着社会的发展、科学技术的进步及“社会的数学化”，现代及未来社会要求人们具有的阅读能力已不再只是语文阅读能力，而是一种以语文阅读能力为基础，包括外语阅读能力、数学阅读能力、科技阅读能力在内的综合阅读能力。

数学是一种语言，“现在数学已成了所有科学——自然科学、社会科学、管理科学等的工具和语言”。美国著名语言学家布龙菲尔德说：“数学是语言所能达到的最高境界。”苏联数学教育家斯托利亚尔也曾指出：“数学教学也就是数学语言的教学。”而语言的学习是离不开阅读的。数学阅读不仅是数学表达的语言性、工具性，也是学生学习时借助数学阅读资源来拓展数学知识、引发数学思考的基础，这是基本的数学事实。

数学阅读是指围绕数学问题或相关材料，以数学思维为基础和纽带，用数学的方法、观念来认知、理解、汲取知识和感受数学文化的学习活动。数学课外阅读是解决学习过程中遇到的问题的重要途径，是提高数学思考的有效手段。阅读是一种以语言符号为媒介，包含有丰富的、超越现实生活内容的活动，会让阅读者的语言系统发展得更好，同时可以让阅读者的智力背景更为丰富，进而使他们的思维能力及学习新知识的能力更强。

著名教育家苏霍姆林斯基指出：“让学生变得聪明的办法，不是补课，不是增加作业量，而是阅读、阅读、再阅读。”乌克兰学者的研究显示，“任何年龄阶段，爱读书的孩子在智力水平和思想发展上，以及在现代社会中的适应水平和承受能力等方面，都显著优于不爱阅读的孩子”。苏霍姆林斯基说：“30年的经验使我相信，学生的智力发展取决于良好的阅读能力。”他从心理学的视角分析，“缺乏阅读能力，将会阻碍和抑制脑的极其细微的连接性纤维的可塑性，使他们不能顺利地保证神经元之间的联系。谁不善于阅读，他就不善于思维”。数学课外阅读扩大了学生的视野，拓展了学生的想象力，这些对于学生的成长极为重要。

数学阅读是数学教学中不可缺少的一部分。重视数学阅读，抓好数学课外阅读，既是数学本身的需要，也是更好地为学生的数学自主学习提供基础，为学生的主动发展提供可能，为全面提高学生的综合能力提供条件。

小学阶段是一个人养成良好阅读习惯的关键时期，就像苏霍姆林斯基所说：阅读是智力发展的指路明灯。综观古今中外，许多成功人士在早期都有很浓厚的阅读兴趣和习惯。因此，如果我们在孩子早期就注意培养他们的阅读兴趣和习惯，那么将使他们受益终身。

《中国大百科全书·教育卷》对阅读作了这样的说明：阅读是一种从印的或写的语言符号中获得意义的心理过程，阅读也是一种基本的智力技能，这种技能是取得学业成功的先决条件，它是由一系列的过程和行为构成的总和。

《阅读学原理》指出：阅读是读者从写的或印刷的书面材料中提取意义和情感信息的过程。

1991年出版的《教育大辞典》第五卷中，顾明远认为：阅读是一种从书面材料（文字、符号、公式、图表）获得意义的心理过程，也是一种基本的智力技能，是取得学习成功的先决条件，它是由一系列的过程和行为构成的总和。

综上所述，我认为阅读是读者通过视觉器官（眼睛）将书面的信息（文字、符号、图形）转化为心理表征的过程。阅读是读者自主获取知识的一种学习过程，它不仅是读的过程，而且是动口、动手、动脑有机结合与统一协调的过程。

国内一些学者对数学阅读概念的认识进行过如下探讨：

邵光华认为：数学中的阅读是指选择那些对于产生有效的猜测或指向问题解决来说是最必要的，而且是最少的、最有效的线索的技能。

喻平教授把数学阅读的心理过程分为内化、理解、推理和反省四个层次。他认为对数学材料的阅读，要经过从局部到整体的加工过程，即先对局部的信息进行内化，然后找出各信息之间的联系，对信息进行整体的加工。阅读过程是个推理过程，反省贯彻整个阅读过程。只有不断地反省，才可能对材料深入理解。

郭刘龙在《数学阅读能力探析》一文中指出：数学阅读是读者从数学书面语言中提取意义的心理过程，数学阅读能力是指对数学阅读起调节作用的个性心理特征。数学阅读能力不是一种单纯的能力，而是在阅读数学材料时表现出来的一种包括思维、想象、运算以及分析问题、解决问题在内的综合能力。

由于业界目前对数学阅读的理论研究不是很深入，对数学阅读的定义也不是很明确，综合国内外学者对数学阅读的研究，笔者针对数学阅读的特点，借助于对一般阅读内涵的理解，尝试对数学阅读的定义作如下界定：数学阅读是指围绕数学问题或相关材料，以阅读经验为基础，以数学知识为媒介，使用数学语言感知和认读数学阅读材料，并对材料加以理解和应用、推理和想象、反思和总结等一系列活动的总和。

阅读教育心理学认为阅读是一种由感觉、知觉思维、想象组成的复杂的心理活动。阅读活动是阅读者把读物的语言变成自己的语言，把读物的思想变成自己的思想的一种复杂的语言实践活动，又是阅读者进行判断、推想、体验的一种复杂的心智活动。

综上所述，我认为数学阅读是指围绕数学问题或相关材料，以阅读经验为基础，以数学知识为媒介，使用数学语言感知和认读数学阅读材料，并对材料加以理解和应用、推理和想象、反思和总结等一系列活动的总和。

二、小学数学阅读的价值

随着社会的发展与科技的进步，在这个信息爆炸的时代，每日的信息量数以亿计，如产品性能表、贷款利息计算和汇率换算等涉及大量数字计算的信息让只有语文阅读基础的人难以看懂和接受。生活在21世纪的我们明显感觉到，现在的社会已经步入一个知识爆炸、经济迅猛发展的时代。数学是一切自然科学、社会科学以及思维科学的基础，数学的地位越来越重要。数学无处不在，又无处不服务于人类社会，人类文化发展、社会发展离不开数学。1956年在巴黎成立的国际阅读协会（International Reading Association）标志着阅读这项伴随文字产生而来的古老人类活动，在世界范围内正式拥有了自己的学科——阅读学。

数学教育重视学生数学阅读素养的培养，关注学生独立获取数学知识的能力，使他们获得终身学习的能力。在数学教育中激发学生数学阅读兴趣，帮助学生形成良好的数学阅读习惯，培养他们的数学阅读能力，并以此为核心形成、发展、提升学生的自主学习能力，是现代教育发展的趋向。目前，国内外对数学阅读尚缺乏深入的系统研究，未来科学发展的趋势是越来越数学化，将来没有良好的数学阅读基本功，要想读懂“自然界这本用数学语言写成的伟大的书”是不可能的。学生数学阅读能力的培养，这不仅是对数学课堂教学的补充，而且对拓展学生数学视野，树立正确的人生观、价值观和世界观，提高学生分析问题、解决问题能力等方面的作用很大。

数学史学家克莱因曾指出：数学另外一个重要的特征是它的符号语言，好比音乐利用音符来代表与传播声音一样，数学也利用符号表示数量关系和空间形式，与日常讲话用的语言不同，日常语言是习俗的产物，也是社会和政治运动的产物，而数学语言则是有意的、谨慎的而且经常是精心设计的。数学语言是数学知识的载体，也是数学思维的工具。学生学习数学的过程，就是数学语言不断内化的过程。从一定意义上讲，数学语言能力的高低决定了数学学习水平的高低，因此，数学语言掌握得多少、好坏，运用得是否自如、熟练，对数学学习都有着重要意义。然而语言的学习是以阅读为基础的，所以，数学的学习更应该以阅读为本。

从社会学角度看，数学阅读是作为一种特殊的交际方式而存在的社会现象；从文化学角度看，数学阅读是数学语言活动，是认识活动，更是一种社会文化；从心理学角度看，数学阅读是指围绕数学问题或相关材料，以数学思维为基础和纽带，用数学的方法、观念来认知、理解、汲取知识和感受数学文化的学习活动；从信息学角度看，数学阅读是将外界的数学材料引起的生理感觉，通过整合、重组，准确转化为心理知觉的过程；从机制来看，数学阅读把数学材料从密码式的数学符号系列转变为一种充满意义的作品，而且改造阅读者本身。[1]

数学阅读同一般阅读过程一样，是一个完整的心理活动过程，包含语言符号（文字、数学符号、术语、公式、图表）的感知和认知、新概念的同化和顺应、阅读材料的理解和记忆等各种心理活动因素。同时，它也是一个不断假设、想象、推理、验证的积极能动的认知过程。[2] 由于数学语言具有简洁性、严密性、精确性、理想化、通用性的特点，数学阅读又有不同于一般阅读的特殊性，要求大脑建立起灵活的语言转换机制，这正是数学阅读区别于一般阅读之处。

因此，加强数学阅读教育研究，探索数学阅读教学的特殊性及教育功能，认识数学阅读能力培养的重要性，就显得尤为重要。老师要教会学生通过阅读获得信息，使学生意识到自主阅读对学习数学能起到重大的作用。建立开放式的阅读教学模式，数学阅读不能仅限于教材阅读，要营造阅读的大环境，从教材延伸到读物，从课内走向课外，才能使阅读内化为自觉的行为。

---

[1] 李兴贵：《新课程数学阅读教学新论》，成都：四川大学出版社，2006年。

[2] 弓爱芳：《数学阅读及数学阅读能力培养的研究》，学位论文，华中师范大学，2006年。

第二章　小学数学阅读的特点

对于数学阅读，我们应该关注它本身的特点，只有真正把握数学阅读的特点，才能更好地提升数学阅读的魅力。我们可以利用数学阅读材料的丰富性、对数学阅读材料的充分感知，调动各种感官积极参与，提高数学阅读的兴趣，开阔学生数学视野。在积极阅读的过程中，进行缜密思考，实现“内部言语的转化”，促进学生智慧的思考和成长。

数学阅读与其他学科的阅读一样，它也是对书面材料的一个学习过程。它需要个体对材料的认读、对材料的感知、对材料的理解、对材料的内化，这个过程跟其他学科阅读一样，具有一般阅读的基本性质。当然，数学阅读，有其特殊性。

数学语言作为数学思维的载体和表达数学思想的通用语言，具有高度抽象性、简洁性、通用性等特点。所以，作为教师，我们需要基于数学学科的特点开展课外阅读活动，促进学生数学素养的提升。笔者认为，数学阅读有以下几个特点：

一、调动各种感官积极参与

在数学阅读的过程中，学生需要充分调动自己的各种感官同时参与，除了眼睛要看，还需要大脑积极思考，动手书写演算过程。根据数学学科特点，学生在学习数学或进行数学活动时少不了计算、画图、推证。我们还可以发现数学阅读资源中省去了一些推理证明的过程，省略了一些步骤或理由。学生在阅读的时候，必须清楚从上一步到下一步的过程，必须通过纸笔演算、推理来帮助思考。同时，在数学阅读的过程中，常常需要进行归纳、推理，在缜密的思考中找到解决问题的方法，这些都需要眼、手、脑等积极参与。

二、实现“内部言语的转化”

数学语言是一种独特的科学语言，可分为文字语言、符号语言和图形语言，是数学内容表达的工具。一般来说，同一数学内容可以用不同的数学语言表述，即三种语言可以相互转化。数学语言的抽象性、简洁性、精确性、严密性等特点，使得数学阅读区别于一般的阅读形式，具有自己的独特性。

所以，教师引导学生在课外阅读的过程中对阅读资源中的每个句子、图表都要认真阅读、分析，从而领会其中的含义。注意在阅读中养成多思考的习惯，真正在阅读中多分析、多思考、多体会。

作为课外阅读资源，它是文字语言、符号语言和图形语言这三种语言的交替和融合。数学阅读常常需要进行“内部言语的转化”，即把阅读材料的内容转化为易于接受的语言形式。

在我们的日常生活学习中，无论是绘图、识图，还是实际情况的数据统计分析，都要遇到数字、符号、图形等。数学课外阅读的这一特点是与其他学科课外阅读区别的重要特征，也是数学教育不可替代的一个标志。

三、进行缜密思考

数学知识的科学性较强，数学的文字叙述总是要求有理有据，这就要求学生的逻辑严密。在数学阅读的过程中需要教师引导学生通过文字看到背后完整的推理过程，每次的数学课外阅读都是一个精细思维的过程，在这个过程中，需要思维严谨，逻辑演绎准确。

例如，在“魔力数学”丛书中有这样一个故事：

一天，淘淘、乐乐、笑笑和飞飞四人约好下午一起去公园游玩。他们玩了有趣的碰碰车、跷跷板和秋千，甭提有多开心了。玩累了他们有些渴，正好看到大树下有一位老爷爷在卖西瓜，淘淘就走到老爷爷跟前说：“老爷爷，西瓜1公斤（千克）多少钱？”老爷爷笑呵呵地说：“每公斤（千克）3元，我帮你们挑一个特别甜的西瓜。”说着，老爷爷就在西瓜堆中挑了一个，称了称重5公斤（千克）。他们四人分别拿出5元钱，其他三人把钱给了淘淘，付过钱后，淘淘才发现自己手中只剩下5元钱，5元钱怎么分给四个人呢？于是，淘淘就去超市买了1元钱的零食四人分享，剩下的4元钱每人1元。

在回家的路上，飞飞怎么也不明白：每人找回1元钱，也就是一共花了4×4=16元，算上1元的零食，一共花了17元，那3元钱去哪里了？

同学们，你们知道这3元钱去哪里了吗？

到底这3元钱去哪里了？阅读这样的一个故事，学生需要透过文字看到背后完整的推理过程，要求学生的思维有一个细致完整的过程，由此可见数学课外阅读要求思维逻辑严密。

四、开阔学生数学视野

数学作为一门基础学科，与科学技术和现实生活紧密相连。学生通过数学课外阅读，不仅可以全面地了解数学知识产生的背景，更能认识数学对现代生产生活的重要意义，更真切地体会数学家勇于探索、执着追求的精神，更深刻地感受数学文化的内涵，从而提高对数学学习的兴趣。

例如，在“魔力数学”丛书中有这样一个阅读故事：

天气逐渐转暖，淘淘和爸爸一起到爷爷家，刚一进门，他们都呆住了，院子里全是毛茸茸的小鸡。原来爷爷想办一个养鸡场。淘淘见到这些可爱的小鸡，高兴极了。

刚进屋坐下，淘淘就问爷爷：“爷爷，这里有多少只小鸡呀？”爷爷笑了笑说：“你那么聪明，你可以想办法呀！”淘淘想了想，这还不简单。他跑到院子里，开始数：1，2，3，4，5，6，7……哎呀！小鸡乱跑怎么数呀！

第二天，爷爷给小鸡开门。淘淘在旁边数：1，2，3，4，5，6，7……哎呀！小鸡全跑出来了，我可数不清。这可怎么办呢？淘淘找来了30根红线，他把红线绑在了30只小鸡的腿上。下午，淘淘看了看，大约20只小鸡里有一只小鸡绑了红线。淘淘高兴地说："我知道有多少只小鸡了！我知道有多少只小鸡了！"爷爷很惊奇地说："真是聪明的孩子！你是怎样数出来的？"淘淘说："不是数出来的，我是推算出来的。"

同学们，你们知道淘淘如何知道小鸡的只数吗？请把你的想法和小伙伴一起分享。

在上面的这个故事中，学生通过阅读故事，懂得：采用统计的方式，从随机抽样推广到一般，这样进行有根据的推算更有利于我们粗略地估计数量的多少，从而感受背后的规律，其实，这些都是运用了统计的知识。正是有了故事的有趣引领，才不断拓宽学生的阅读视野，提高学生学习数学的兴趣。

再如，在"魔力数学"丛书中还有这样的故事：

今天是周末，淘淘在一本课外读物上看到了这样一个有趣的故事：在萨维尔村中，有一位自认为很聪明的理发师在自己的理发室前挂了一个招牌，上面写着自己的规定：他只给那些不给自己刮脸的人刮脸。有人就问他："那您该不该给自己刮脸呢？"这位理发师听后瞠目结舌，无言以对。亲爱的同学们，你们知道为什么这位理发师无言以对吗？认真想一想，你就明白其中的道理了。

这个故事讲到了悖论，悖论是由英国数理学家、哲学家罗素于1903年提出的。所谓悖论，是从一些看似正确的或看起来可接受的约定出发，经过推理，却得到了自相矛盾的结论。希望这样的推理能让我们多一些数学思考，能够从中增长智慧。这样的故事分享不仅能够引领学生知道悖论，而且拓宽了学生的视野，使学生感受数学阅读的乐趣。

五、提高学生数学学习兴趣

兴趣是推动学生学习的内部动力，作为数学课外阅读，能否激起学生学习认知的积极性，提高学生的学习兴趣，培养学生的求知欲望，往往是教学成败的关键。《义务教育数学课程标准（2011年版）》指出："数学是人类的一种文化，它的内容、思想、方法和语言是现代文明的重要组成部分。"当数学作为一种文化来理解的时候，它就不再仅仅局限于课堂，更不仅仅是课本上的知识与习题，而应该具有更广阔的视野，变得更为生动有趣。让小学生从文化的角度学习数学，是当代数学教学的发展趋势。这种基于文化的数学学习，是需要学生进行大量的课外阅读。

荷兰著名学者弗赖登塔尔说过："学习数学唯一的正确方法是实行'再创造'。"数学课外阅读的实践证明，通过阅读大量的数学课外书籍，学生不拘泥于阅读书目的限制，不必受教师的束缚，学生可以综合运用自己的基础知识，大胆进行尝试，独立对问题进行探究。

数学阅读更能唤起每一位参与的学生自觉地去探索数学的奥秘，促进学生的思维能力，发挥学生的创造能力，使他们的个性品质得到发展。学生通过阅读生动有趣的数学故事或数学游戏等，调动起其学习数学的积极性，进而增强其主动学习，提高其学习兴趣。

第三章 小学数学阅读的理论与原则

数学阅读是对数学外来信号进行输入并进行加工、处理的过程，是学生获取知识和发展思维的重要手段，也是学生认识世界的重要途径。在开展数学阅读过程中，注意读写结合和阅读与推理相结合。

数学阅读既可以拓宽学生的知识面，增加数学学习的兴趣，又可以使学生学会用数学的眼光看世界，使批判性思维能力、创新能力得到充分的发挥。重视数学阅读，培养数学阅读能力，有助于学生的全面发展。

在积极进行数学阅读实践的过程中，我们采用了如下的理论指导我们的教学实践，提高了数学阅读的效率。

一、认知主义学习理论

认知心理学运用信息加工观点来研究认知活动，感知、注意、表象、记忆、思维、言语等认知过程是认知心理学研究的主要范围。研究认知活动本身的结构和过程，揭示人们认知过程的内部心理机制是认知心理学的实质。

从认知心理学的角度可以把数学课外阅读看作认知结构在新知识与旧知识之间的一个整合的过程。要想构建良好的数学课外阅读策略，在阅读过程中，应充分利用好数学知识内在的逻辑性和数学内容之间的结构特点，采用由个别到普遍、由具体到抽象、由特殊到一般的归纳推理方法，巧妙结合预测、猜想、估计的方法，对阅读资源进行深入理解。

例如，在“魔力数学”丛书中有这样一个阅读故事：

在今天的数学课上，张老师出了这样一道题：3.7×3.7×3.7，有四个答案，分别是51.347、50.653、506.53和48.675。现在，张老师让我们判断一下哪个答案是对的？

张老师刚讲完要求，飞飞、亮亮、淘淘等同学就拿出练习本开始进行列竖式计算。乐乐并没有急于计算，他想好了就举手说：“老师，我知道答案了！”当他说出这个得数后，张老师马上就回应说：“完全正确！”淘淘质疑道：“乐乐一定用计算器计算的。”乐乐的同桌站起来说：“我可以保证今天乐乐没有带计算器。”飞飞转身问道：“你怎么知道得这么快？我还在列竖式计算呢。”此时，张老师说话了：“乐乐，你一定有自己的方法，能给大家讲讲吗？”当乐乐说完自己的理由后，大家更加佩服乐乐了。同学们，你们知道乐乐是怎样算得这么快吗？

在阅读这个故事中，我们知道了：在计算的过程中，估算也是一种很好的方法，可以帮助我们快速地找出答案。同时，估算也可以帮助我们检查计算的结果，提高计算的正确性。这样的阅读活动，充分利用了数学知识内在的联系，有效进行新旧知识之间的整合，引导学生对阅读材料进行深入理解。

二、建构主义学习理论

建构主义学习理论认为学生学习活动的本质是学生根据先前的认知结构主动地和有选择地感知外在信息，是积极主动地建构其意义，而不是被动地接受外在信息。根据建构主义学习理论对学习活动的认识，数学阅读的过程是读者在原有认知的基础上主动建构阅读材料的意义并对阅读材料进行重新组织，而不是被动地接受阅读材料的内容。学生与阅读材料之间不是孤立的，而是一个相互作用的过程。

例如，在“魔力数学”丛书中有这样一个阅读故事：

淘淘的叔叔是一位军人，淘淘每次看神气十足的叔叔都流露出羡慕的眼神。最近，叔叔就带淘淘到了他所在的部队。这时，他们看到一位叔叔正在思考什么，淘淘就走上前问：“叔叔，你有什么需要帮助吗？”叔叔一看是个小学生，就急忙摆手说：“没什么。”在淘淘的再三追问下，这位叔叔说：“为了庆祝八一建军节，我要在100米的走道两旁插彩旗，从走道的一端插起，每隔5米插一面彩旗，而且走道的两端都要插。我不知道要领多少面彩旗。”经过淘淘的分析，叔叔非常高兴地就去领彩旗了。同学们，你们知道要领多少面彩旗吗？

学生要达到对新知识的顺应、内化，那么在阅读过程中就要在新知识与旧知识之间架起一座桥梁，即在新知识与旧知识之间找到内在联系，将新知识纳入或同化到原有的认知结构中，重建新的认知结构。

这样的阅读材料，本质的数学模型是植树问题。对于解答这类题目，需要认真分析和思考，正确地建立一一对应的数量关系，只有这样才能够准确而迅速地解决好问题。

因此，学生原有的认知基础对于当前的阅读具有重要的作用。学生的知识网络越完善，背景知识越丰富，便越有利于阅读。[1]

三、信息加工理论

信息加工理论是信息加工学习论的简称，是用来解释人类在周围环境中，如何经由感官觉察、注意、辨识、转换、记忆等内在心理活动，吸收并运用知识的历程。美国心理学家加涅在现代关于人的心理信息加工理论的基础之上，对学习活动的规律做了进一步的研究，在《学习的条件和教学论》一书中，构想了一个可以用来描述学习内部结构的一般模式。按照加涅模式，信息流和控制结构是学生在学习进行信息加工的主要构成。学生从外部环境中接受刺激，感受器将具有物理能量的刺激转换为感觉器官的神经冲动，传至大脑中枢，进行感觉登记。由于选择性知觉在一瞬间只登记了有某些特点的信息，从而完成了第一次转换，被登记的视觉信息经过编码，进入短时记忆中的信息，然后经过各种形式的编码和复述，再一次发生关键性转换，变为知觉映像形式的信息，进而变成表象、概念、命题系统储存在长时记忆之中。长时记忆中的信息，既可与新输入的信息结合组成新的知识系统，并作为进一步学习之用，还可作为反应发生器的输入项目，激活反应器做出反应，使学生产生各种反应动作，再通过反应动作，作用于环境，引起环境的变化，环境的变化又作为一种反馈信息，再次作用

[1] 翁昌来：《数学阅读教学研究与实践》，上海：东华大学出版社，2004年。

于学生主体。[1]

注意、编码、储存和提取是信息加工理论中信息加工过程的四个阶段。那么数学课外阅读的过程也可以看成是信息加工的过程。当数学课外阅读发生的时候，感受器接受数学语言的刺激，学生的大脑开始对接收到的信息进行加工、编码，然后形成自己独特的数学理解，并进行表征，最后学生反馈信息。

例如，在“魔力数学”丛书中有这样一个阅读故事：

周末，淘淘妈妈在做家务，淘淘就主动提出和妈妈一起做家务，妈妈看到自己家的“小男子汉”主动帮助她，心里非常高兴。妈妈打算让淘淘用15分钟整理自己的房间，7分钟擦桌子，45分钟的时间用全自动洗衣机洗衣服，20分钟拖地，8分钟晾衣服。妈妈算了一下时间，做完这5件事情一共需要95分钟的时间。可聪明的淘淘只用了53分钟的时间就干完了所有的家务，你知道淘淘是怎样完成这5项家务的吗？

学生在阅读的过程中，要学会通过信息的筛选、提取、识别、转换等进行统筹安排，统一考虑，并完成如下的信息加工和处理。比如洗衣服的同时可以整理房间、擦桌子和拖地，这样就节省了42分钟的时间。具体安排如下：

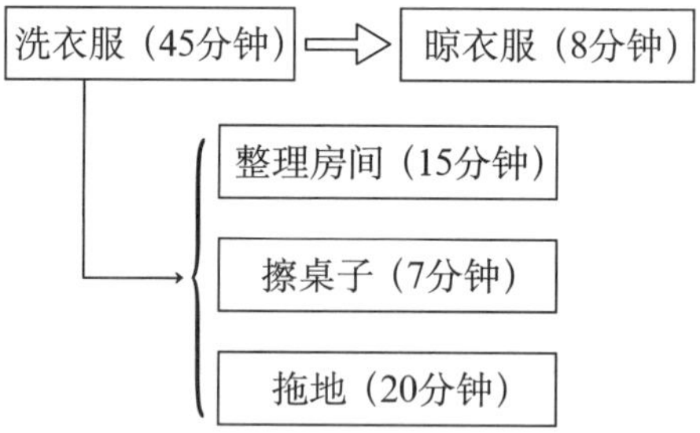

数学阅读在实施的过程中，我们可以遵循以下原则：

[1] 黄丹：《学生数学阅读的心理机制及其能力的提升策略》，学位论文，重庆师范大学，2008年。

四、读写结合原则

数学阅读在读的过程中，与其他学科的阅读不一样，更要求学生思考，没有思考就没有阅读。在实际的教学中，教师经常遇到这样的问题，学生对文字语言的每句话都理解，但是找不到合适的等量关系，最终不能正确解决问题。而这就需要在阅读的过程中边阅读边思考，学生通过思考，能够把过程写出来，积极找到解决问题的方法，并把思考记录下来，这样理解就更深刻了。

数学课外阅读的过程，实际上也是读写结合的过程。由于数学语言高度的抽象性，在数学课外阅读的过程中对重要的概念、原理、公式等进行识记，在阅读的过程中加深理解和应用。

五、阅读与推理相结合的原则

虽然数学阅读的内容相对文学作品少了一些情感的渲染，言简意赅，导致数学语言高度抽象，这就要求读者具有很强的逻辑推理能力。在数学课外阅读的过程中，文字语言、符号语言、图形语言三者之间的互译是数学阅读的一大特点。通过对数学阅读资源的分析，找出知识点，先对局部知识点进行理解，然后找出各知识点之间的内在联系，最后对各知识点进行整体加工。这样一个流程下来，才能深刻理解数学阅读资源。[1]

---

[1] 高文君、韩联郡、田小现：《对数学阅读概念及其方法的研究》，载《教学与管理》2007年第1期，第84—85页。

第四章　我的数学阅读主张

学生课外阅读策略的发展状况与阅读能力的高低密切相关，然而就目前学生数学阅读现状而言，阅读策略指导仍较为薄弱。究其原因，主要是教师还没有建构数学阅读的策略，也不能对学生进行数学阅读策略的指导。我开展了近20年的数学阅读，在立足数学教学实践的基础上，提炼出开展数学阅读的7种主张。

开展了近20年的数学阅读，我在立足数学教学实践的基础上，感悟到数学阅读的一些规律，提炼出开展数学阅读的主张。

阅读主张1：阅读，与生命同行

作为教师，我们需要阅读，在阅读中不断追求自身的专业成长，因为只有教师自己积极阅读，才能更好地引领学生阅读。在开展数学课外阅读中，如何调动学生数学阅读的积极性呢？我更多的是树立“阅读，与生命同行”的理念，每天让学生看到教师阅读的身影，在静静的阅读中引领学生爱上阅读。

一、阅读有了需求，形成浓厚阅读兴趣

记得在我校刚开始开展数学课外阅读活动时，发生了这样一件事：一个家长抱怨道，孩子很忙，哪有时间阅读？当孩子和他一起静心阅读后，他不无感慨地说：“我原本以为数学是枯燥无味的，但通过和孩子一起阅读，我才知道数学原来如此有趣，如此精彩！”

数学课外阅读真的没用吗？听了这位家长的话，我们都感受颇多，愿我们的每一位教师都能成为一个爱读书的老师，用浓厚的兴趣引领学生走向数学阅读的智慧之路上。

二、阅读有了交流，主动分享阅读感受

我积极在QQ群、微信群中交流着彼此的阅读感受，分享着阅读后的思考。同时，我也积极在校讯通的平台上引领学生开展阅读活动。我的博客里，汇集着阅读活动的声音，留下的是阅读活动不断前行的脚印。这个博客成了引领家长、学生进行阅读的天地；这个博客成了我和孩子们分享阅读感悟的阵地；这个博客成了我和读者分享思考的港湾。在短短的几年时间里，我的博客里一共发了500余篇博文，学生写的阅读感受和思考近30万字，学生撰写的有关数学阅读文

章在公开刊物上发表了200余篇。爱上阅读，是因为有了这样的分享，让我们感受到数学课外阅读的快乐和幸福。

三、阅读有了规划，养成良好阅读习惯

每次新接一个班级，我首先要做的事情就是在与学生、家长交流的过程中推荐数学阅读书籍，每次学期结束我都会向学生推荐必读和选读的数学课外阅读书籍。作为数学教师，我也在教育教学的过程中与学生、家长一起阅读。我深知：只有热爱读书的教师，才能培养出热爱读书的学生。

正是有了这样的阅读规划，让我们把阅读得到落实，在规划中稳步行走在阅读的道路上。阅读，若长期坚持下去，就会收获一个爱思考、爱阅读的习惯，并且这个习惯会使自己终身受益。现在，班级里的孩子都有自己喜欢的几本数学课外读物，我也购买了近千册的数学课外阅读书籍。

读书，可以让师生更有智慧；读书，让我们感受到成长的愉悦和智慧的分享。让数学课外阅读走进教师的生命历程，让数学课外阅读成为教师的智慧之举，让我们在阅读中一起成长，用阅读浸润我们的课堂，让我们一路读书，一路欢歌，在数学课外阅读中促进学生数学素养的形成，在阅读中享受成长的幸福。

阅读主张2：阅读奠基学生的终身发展

阅读是快乐的，快乐着你、我、他；阅读是幸福的，我们幸福着一路前行；阅读是温馨的，在阅读中分享心灵深处的声音……静静地阅读，大声地朗读，无论哪种方式都是一种交流与分享。读书，就是生活，像呼吸一样自然。让我们一起阅读，一起成长，分享阅读的快乐时光。阅读是一种最自然的生命状态，是一种行走的姿态，也是一种人生的境界。阅读，给孩子开了一扇窗，让学生通过这个窗口看到一个广阔的天地，让学生有一个更为广阔的视野。

推进数学阅读，我们更需要教师为学生的阅读工程搭建平台，使书香四溢，使数学学习更具智慧。作为一名小学数学教师，我在组织学生进行数学阅读的过程中，更多强调的是分享、交流，读着孩子们稚嫩而富有灵动的文字，我深深地被感动了，感动于孩子大量的阅读，感动于孩子阅读后的探究精神，感动于教师对阅读的引领……希望所有的学生都读起来，因为“读起来，才精彩”！让阅读引领精彩，让数学阅读奠基学生的终身发展。

数学阅读，促进着学生对数学内容的理解，促进着学生智慧的思考。作为教师，只有在阅读中促进学生深入理解和思考，才能更好地促进学生的发展。阅读，在不经意间让我们爱上数学，在不经意间让我们“脑洞大开”。我们在阅读中汲取智慧，在阅读中学会思考，真正在阅读中奠基学生的终身发展。

阅读主张3：让阅读浸润学生的生命世界

践行数学阅读，让孩子和我都收获了无穷的快乐，也分享着阅读的幸福。在和孩子一起阅读的日子里，我感受最大的就是孩子有了“书香气”，从举手投足到课堂辩论无不展示着孩子广博的阅读视野。

阅读已经浸润在孩子的生命里，每次数学阅读课都让我收获了孩子静静阅读的快乐，一起分享着孩子创意无限的思维世界。当孩子用故事将阅读进行分享的时候，当孩子用图画将数学进行描绘和展示的时候，当孩子一起书写阅读的感受和思考的时候……我们都能分享到来自孩子这份沉甸甸的收获。所有这些都让我们深深地感受到阅读已经浸润在孩子的生命里，已经成为孩子生命的一部分。当阅读与生命同行，孩子定会收获精彩的人生。

当数学阅读成为习惯时，当我们捧起书静静地进行阅读时，我们就能感受到阅读的快乐。数学阅读，引领学生进行思考，促进学生智慧地成长，只有当阅读浸润在学生的生命世界，成为像呼吸一样自然的习惯，才能感受到生命的旋律、阅读的快乐。

阅读主张4：不会阅读的学生是潜在的学困生

对于数学阅读，我一直坚持做着，而且做得很辛苦。对于家长而言，我最想对您说的就是：不会阅读的学生是潜在的学困生。

阅读，对于孩子而言是给予孩子一个幸福的童年，数学课外阅读提升了孩子的阅读能力和理解能力，促进了孩子数学思维的发展。我小时候就是吃了这方面的亏，所以，希望我的学生要积极进行数学阅读，让阅读成为一种习惯，让数学阅读引领学生的成长。数学课外阅读，使学生的视野更宽广，使学生的思维更活跃，使学生的思考更深入，只有数学阅读才能滋润学生的心灵，才能开启学生的智慧。阅读数学小故事，启迪我们的智慧；阅读名题赏析，促进我们思考；阅读数学家的故事，从中汲取成长的力量；阅读数学史料，感悟数学的真谛……不阅读或不会阅读的学生是潜在的学困生，不阅读就会让自我思维狭窄，在不知不觉中与同学们拉开了距离，不知不觉中就容易导致思维的僵硬。

数学阅读是开启学生的智慧之门，引领学生在积极的思考中提升思维品质，在积极的阅读中提升理解力。数学课外阅读的意义不仅在于阅读，更多的是在于阅读后的思考，在积极思考、表达的过程中促进思维走向深入。

数学阅读带来的实惠是无法言表的，它能引领学生健康成长，使学生能够持续、和谐地发展。

阅读主张5：把数学阅读落实在每一天

读书是一种生活方式，让学生养成数学阅读的习惯更是我们教师义不容辞的责任，而要养成数学阅读的习惯，首先就是要有时间作保障。没有时间阅读，阅读习惯的养成就是美丽的泡沫，作为教师、家长，我们应该给孩子营造一种良好的读书氛围。

在数学教学中，我始终坚持将每日阅读落实下去，通过每天一个数学小故事的阅读，提升学生的思维能力，坚持每周开展一次全班的数学阅读交流，通过数学课外阅读，提升学生的思考和智慧，为数学阅读的开展提供了时间的保障。同时，我会积极采用激励性评价引导家长和孩子一起进行亲子阅读，凡是家长和孩子一起阅读并进行批注或写出读后感的，我都会给予双倍的奖励。这些措施的落实促进了学生真正有时间进行数学阅读，促进学生的发展。

在所任教的班级中，我始终采取作业少一些，每天读一些，思考有一些，进步多一些，坚持鼓励家长与学生一齐开展亲子阅读《魔力数学》。在每天的作业中，我坚持落实阅读一个数学小故事，引导学生养成阅读的习惯。我持之以恒地将数学阅读落实在每一天，从点点滴滴中促使学生养成爱阅读的好习惯。

阅读主张6：在数学阅读中促进学生思维的发展

人有左、右半脑，左半脑负责顺序和逻辑，颜色、声音、构图、直觉能力等由右半脑负责。而优秀的逻辑能力始于优秀的阅读理解能力，对于小学生而言，最重要的能力就是阅读能力的培养。

对于小学生，正处于从直观形象思维向抽象逻辑思维过渡时期，而数学阅读则是促使学生成长的有效途径。我所在的班级坚持阅读《魔力数学》，正是在数学阅读中促进学生思维的发展。在我以前的学生中，有这样一个学生，他解决数学中的问题特别吃力。而在一次数学阅读成果展示中，我发现他对连环画等图文结合的阅读内容很感兴趣，后来，我启发他把解决数学问题的文字改编成连环画的形式，他不但充分发挥了想象力，数学解题能力也一下子提高了很多，而且对数学怀有一份特殊的情感。正是数学阅读，让他找到了成长的动力；正是数学阅读，让他不再畏惧数学，感受到数学的趣味；正是数学阅读，让他对数学的理解能力得到提高。

像这样的例子还有很多，作为教师，只要引导学生爱上数学阅读，就会转变学生对数学的认识，通过学生对数学的转变，让数学变得有趣，从而激发学生学习数学的内在动力，激活学生的思维，在数学阅读中积极思考，促进学生从原来关注文字的阅读走向关注数学思维的阅读，在积极的阅读中提升思维品质。

数学阅读，促进了学生思维的发展，对学生是一种智慧的启迪，只有深入开展数学阅读，才会收获思维的成长，收获成长的快乐。让我们一起在阅读中汲取营养，促进学生的思维发展。

阅读主张7：多元评价，引领学生爱上阅读

每到期末，对于数学阅读的考查，我在思考：如何进行终结性的评价？如何将过程性评价和终结性评价相结合？如何让评价激励学生的成长？我在尝试着，探索着。

我在每学期的教学中，注重引导学生及时把自己在阅读中的感受、数学思考、不同的解题方法进行批注，及时进行评价；同时，我也注重引导学生在常态的阅读交流中画出一幅幅有趣的数学连环画进行交流，给予及时的评价；我还

应学生的要求，举行了数学阅读展演活动，在展演中提升学生对文本的理解，对数学的思考……正是这多样化的评价，让期末评价不仅是评价，而且是一个丰富的促进学生学习的过程，引领学生展现自己对数学阅读的理解和思考。

我让学生写出自己的读后感，梳理自己的阅读成果，通过必读和选读书目的登记，通过评选阅读小明星等活动来促进学生进行数学课外阅读。有时，我也会出一些阅读书籍的测试题目，考查学生对该书的理解和思考。评价促进了学生进行智慧阅读，引领学生在数学阅读中收获思考和快乐，不断丰富、完善自我思维，促进学生的成长。

采用多元评价方式，就是引导学生将数学阅读和思考进行分享，引导学生在思考中感受数学阅读的快乐。

“我真的很喜欢数学阅读，它给了我们一个展示智慧的舞台，让我们感受到数学阅读的快乐！”“这样的数学阅读活动，是在读、写、画、表演中，让我更懂了数学。”……分享着孩子们智慧的话语，我想：正是采用了多元评价才使他们爱上了数学阅读。

第五章　小学数学阅读规划

多年聚焦“数学阅读”的艰辛探索和实践，让我懂得：只有站在课程的视角进行系统的规划，才能使数学阅读得到有效的实施。于是，我将开展的数学阅读进行梳理和整合，用课程引领数学阅读的系统化实施，促进学生的智慧成长。

一、数学阅读课程纲要

数学阅读需要进行规划，在规划中赢得发展，在规划中促进课程的实施走向有效。而课程纲要对课程的实施进行有效规划和督促，更好地促进课程目标的达成。下面就结合我任教的四年级的数学阅读制订如下的课程纲要。

四年级第一学期智慧花数学社团课程纲要

学校名称：郑州市金水区实验小学

设计时间：2012年9月

课程名称：智慧花数学社团课程

课程类型：拓展型课程

适用年级：小学四年级

活动时间：每双周周四下午第一节课

总 课 时：10课时

授课教师：宋君

一、学情分析

我校是一所市区小学。四年级的学生具有好表现、思维活跃等特点，思维水平总体上还处在形象思维阶段，借助图形不仅是他们理解数学知识的手段，也是他们探索数学、发展抽象思维能力的工具。

学生经过了三年的数学学习后，在分析问题的能力、语言表达的能力上都有较明显的提高，已经能够根据学习内容尝试着去提出数学问题、分析问题并解决问题，能够比较有效地进行小组合作学习。在教学中，我们应该充分发挥学生的主体性，在课堂中积极引导学生进行阅读，通过阅读主动地获取新知，在自主学习、合作交流中主动进行数学学习，调动学生学习的积极性和主动性，培养学生自主学习的能力，通过阅读，提升学生的思维，促进学生的发展。

二、课程资源分析

数学阅读过程同一般阅读过程一样，是一个完整的心理活动过程，包含语言符号（文字、数学符号、术语、公式、图表等）的感知和认读、新概念的同化和顺应、阅读材料的理解和记忆等各种心理活动因素。同时，它也是一个不断假设、证明、想象、推理的积极能动的认知过程。

回顾我引导学生开展数学阅读的过程，从单篇文章的阅读到整本书的阅读，我收获了学生思考的快乐，积极通过教师荐书、学生介绍数学课外书籍，再到我们团队编写数学课外读物，不断丰富课程资源，提升学生的思维品质，促进学生的发展。

三、课程目标

1.总体目标

本课程属于数学学科中的拓展型课程，其总体目标是提高学生的数学应用意识和以数学为主要工具解决实际生活问题的能力，充分体会数学的应用价值，培养数学的应用意识，增强数学学习兴趣，善于用数学的思维分析身边事物。在通过学生参与阅读活动的过程中，激发学生学习数学的兴趣，促进学生思维的发展，感受数学在生活中的重要作用，了解数学的价值，增进学生对数学的理解和学好数学的信心。

2.具体目标

(1) 激发学生对数学原理的探索，探寻数学故事背后存在的数学规律和本质。

(2) 培养学生“读思结合”的阅读习惯，在积极的思考中尝试用数学的眼光观察生活，解决生活中的简单实际问题。

(3) 使学生具备主动搜集处理数学信息，提出数学问题，解决实际问题，灵活运用所学知识分析、解决问题的能力。

(4) 使学生形成解决问题的一些基本策略，体验解决问题策略的多样性，发展实践能力与创新精神。

(5) 使学生学会与人合作，并能与他人交流思维的过程和结果，发展学生的推理能力，能有条理地、清晰地阐述自己的观点。

(6) 激发学生的阅读兴趣，在阅读的过程中让学生爱上读书。

(7) 通过将数学知识与生活实际相联系，使学生体验数学来源于生活，感受数学在现代生产和现代社会生活中的重要作用，对数学及自然科学的学习产生浓厚的兴趣，增强自主钻研、合作学习和积极探索的精神。

(8) 使学生认识数学与人类生活的密切联系及对人类历史发展的作用，体验数学活动充满着探索性与创造性，感受数学的严谨性以及数学结论的确定性。

四、课程理念

在开展数学阅读的过程中，我们面向未来的数学教育教学，着力让学生学有用的数学，引导学生能够应用数学解决日常实际问题，让学生用不同的方式运用数学。因此，我尝试进行数学拓展型课程的实施，联系生活实际引导学生活学、活用，促进学生思维的发展，从而培养学生的创造精神与实践能力。

本课程引导学生在生活中发现数学、应用数学、研究数学，突出“以学生发展为本”“学生是学习的主体”的教学思想。

五、课程内容

周　次	教学内容	活动安排	备　注
1—4	数学阅读好书推介	2课时	师生推荐
5—6	数学阅读批注介绍	1课时	教师讲解
7—10	数学阅读指导	2课时	全班授课、小组讨论
11—12	学生阅读、批注	1课时	个人思考分析、小组讨论
13—16	数学故事分享	2课时	小组讨论、全班汇报
17—20	课程阶段性评价	2课时	资料推介，交流汇报自评、互评、师评相结合

六、课程学习的重点、难点

本课程重点是通过数学阅读，培养同学们学习数学的兴趣，让学生积极主动去寻找日常生活中与我们密切相关的数学问题并加以解决，体会数学课外阅读的价值。难点是我们在课程的学习中，通过数学阅读增强学生的数学思维，能够积极主动地进行数学思考，这在一定程度上影响学生的学习积极性和理解能力。

七、课程的实施建议

在本课程活动中构建开放的、互动的课堂，引导学生探索、发现、交流与合作，结合生活实际为学生提供活动、交流的条件，使不同的学生得到不同的发展。本课程在实施中有以下几个方面的建议：

1. 激发阅读兴趣，实施数学阅读

教师向学生提供优质的数学课外读物，帮助和鼓励他们积极地阅读。在开始阅读的时候，难度低一点，不断激发学生阅读的兴趣，引导学生爱上阅读。

2. 关注阅读策略，倡导多元阅读

数学阅读的实施策略是多元的。数学课外阅读的过程是对数学思想方法感受、理解的过程，是开阔视野的过程，是改变学生数学态度的过程，是促进学生思维发展的过程。学生的数学基础不同，阅读能力也有很大差异，学习自觉程度也不一样，不定期组织学生交流数学阅读的经验和心得，在交流中相互感染，增进理解，发现不同，分享快乐。

3.关注思维发展，促进数学阅读走向深入

数学阅读不是课外进行的阅读，而是阅读课本以外的内容，丰富学生的数学认知和理解，提升学生的思维。数学阅读中，阅读是手段，促进思维的发展才是核心。通过数学阅读，提升学生的思维品质；通过数学阅读，引领学生思维走向深处；通过数学阅读，让我们感受到数学阅读的魅力。

没有高水平的思维参与和投入，数学阅读的内容就永远只能停留在符号知识（表层结构）上，而不能深入知识内涵（深层结构），不能有效促进知识和思维能力获得良性循环发展。思维水平的发展主要包括思维能力的提高、思维品质的提升和科学思维态度的养成。实施深度阅读教学，是实现知识教学的丰富价值、使学生知识学习与思维能力同步发展的必经之路。深度数学阅读教学是指“通过数学阅读，超越阅读到表层的符号教学，由符号教学走向逻辑教学和意义教学的统一”。也就是说，教师要引导学生通过数学课外阅读超越表层的符号知识学习，进入知识的逻辑形式和意义领域，将符号学习提升为深层意义的获得，使学生学会思维、学会思考，促使思维走向深处，促进学生智慧地成长。

4.感受数学文化，促进数学阅读走向广博

数学阅读能够有效地促进学生通过阅读，传播数学文化，培养人文精神。通过数学史料的介绍，学生可以感受数学的发展历程，提升对数学的认知和理解。

作为教师，我们要因势利导，引导学生通过数学阅读了解有关我国数学家的事迹，让学生查阅数学史，在数学阅读中感受数学文化，使学生的阅读视野更加广博。

八、课程评价

我们将从学生学习该课程的学时总量、学生在学习过程中的表现（如态度、积极性、参与状况等）、学生学习的客观效果三个维度入手，采用自评、互评、家长评、教师评等方式，对学生学习情况做出综合评判，评判结果纳入课程中学生素质发展评定。

在课程评价时，教师重在发现和肯定学生身上所蕴藏的潜能、所表现出的闪光点，鼓励学生在阅读过程中对解题方法的个性理解，激励学生在数学阅读中的积极性和主动性，将学生每一点的进展都视为成功。重视学生积极参与数学课外阅读活动的全过程，重视在数学阅读中的评价，关注学生在过程中的参与、体验情况，强调让学生自己在阅读中改进学习方法，改进思维方式。

课程评价分为A（优秀）、B（良好）、C（合格）、D（还需努力）四类，以此作为学生获得该课程学分的依据及评选数学阅读优秀学生的依据之一，具体由教师负责执行和落实。

1.学生学习该课程的学时总量；

2.学生在数学阅读学习过程中的表现，如态度、积极性、参与状况等；

3.学生的小组评议意见和任课教师的评价；

4.学生家长的反映；

5.学习成果（通过阅读批注、作品展示、竞赛、评比、汇报等形式展示，记录于学生的成长记录袋内）。

二、数学阅读内容安排

在数学阅读的过程中，每学期，我们都需要根据班级的实际情况安排好课程内容。只有这样，才能有效地保证阅读课程的实施，促进教师顺利进行课外阅读的教学。

首先，教师要对任教年级的数学阅读做好统一安排，由浅入深形成一个系列。其次，每个学期指导学生读多少数学课外读物，读哪些数学课外读物，如何安排好阅读时间等，都要制订出周密计划。

课外阅读的读物可分以下两种类型：一种是由教师统一指导的读物，一种是学生自由选择的读物。没有统一的读物，教师进行指导就无从下手，统一的读物一定是教师提前阅读并认为适合学生阅读水平的数学读物。对于学生自由选择的数学课外读物，主要根据年级教学内容和学生的年龄特征加以选择。教师可以向学生推荐课外阅读书目。

对于数学阅读内容的安排，教师要在思想上足够重视，能够有效安排，落实在每周的课程实施中。因为这本身就是拓展性课程，如果教师没有足够重视课程的内容安排，那么两周一次的课外阅读课程就会落空，不能有效促进和提升学生的数学素养。

下面就以四年级第一学期智慧花数学社团课程的安排为例，来阐述数学课外阅读的内容安排。

时间：第1周—第2周

主题：数学阅读好书推介

课时：1课时

形式：师生推荐或教师推荐

实施要点：开学之初进行好书推介活动，向学生展示本学期阅读的书籍，通过这样的推介，不断提升学生对阅读内容的理解。

好书推介可以来自教师给学生的推介，通过这样的推介，明确思路，使学生在学期伊始就感受到数学课外读物的丰富多样，学生可以根据自己的喜好，有选择地购买、借阅一些自己喜欢的数学课外读物。好书推介也可以来自学生之间的推介。

推介的形式可以制作成PPT进行介绍，也可以带着书籍进行现场推介。我建议带着书现场进行推介，这样，现场感更强，更有利于学生在推介后翻阅，真正让好书推介更有效。好书推介更多的是搭建一个交流的平台，让好的数学课外书籍走向更多学生，为后来开展的数学阅读奠定坚实的基础。

时间：第3周—第4周

主题：数学阅读导读课

课时：1课时

形式：激趣导读

实施要点：作为必读书目，教师要在阅读之初使学生了解数学阅读的内容，采用有趣的情节、巧妙的操作、智慧的思考激发学生阅读的兴趣，不断激发学生积极投入到数学阅读中。

数学阅读导读课，更多的是引导，引导学生通过本节课的教学，爱上本学期的数学阅读图书，通过呈现书中的精彩片段，不断激发学生进行积极思考，从内心认同数学阅读的魅力。

我们可以从多个维度进行导读：可以从书名开始，进行一系列的猜想，然后走进书中的故事进行思考，这种“猜想—阅读—思考”的导读课很好地激发了学生的参与意识；可以从数学阅读书中若干精彩故事或者富有思考性的情节入手，这种“故事—思考—探究”的导读课不断激发学生进行自主探究，引导学生进行智慧地阅读；还可以从作者入手进行导入，通过阅读作者的其他作品进行剖析，深刻理解作者的内心世界，这种“作者—联想—猜测”的导读课不断在数学课外阅读中启迪智慧，引领思维的发展。导读课的形式远不止这些，作为教师，只要能够抓住学生和数学阅读书中的兴奋点，将激趣和思考有机结合，就能够收获导读课的魅力，用数学本身的魅力激发学生的阅读兴趣。

时间：第5周—第6周

主题：数学课外阅读批注介绍

课时：1课时

形式：教师讲解

实施要点：当学生进行了阅读后，需要用一定的形式呈现自己的思考，批注是最有效的方式之一。

数学批注更注重思考过程的批注，关注不同的思考、不同的解题思路，关注文字背后的思路梳理，注重用简练的语言或图形将数学故事进行描述等。这些批注，有利于学生数学思维的发展。

批注是一种策略，通过批注了解学生在数学阅读过程中的思考：学生如何通过数学阅读进行科学的推理，学生如何通过数学阅读建立自我的批判性思维，学生如何通过数学阅读进行自我的思考和表达，学生如何通过数学阅读进行多样化见解的表达，学生如何通过数学阅读进行问题解决的思考，学生如何通过数学阅读进行阅读资料的运用和整理……

批注，为数学阅读打开了一扇师生交流的窗，通过这扇窗，让我们彼此分享阅读的思考。在数学阅读批注的过程中，教师要及时指导学生进行正确批注，用正面的例子引导学生辨析如何批注才是有思考的批注，注重将好的批注进行展示和交流，激励更多的学生积极参与到数学阅读的批注中。

时间：第7周—第10周

主题：数学阅读指导

课时：2课时

形式：教师讲解、小组交流

实施要点：当数学阅读进行一段时间后，教师需要进行一定的阅读指导，引导学生在数学课外阅读中学会思考。让学生成为更好的读者，就要让他们边阅读边学会思考。如果我们在阅读时，仅仅是“阅”了、“读”了，甚至是背下来，但不进行思考，这样的阅读，谈不上对数学的理解和感悟，也就不能把书本的知识转化成自己的知识，教师要重视学生独立思考、设疑善问、熟读精思、理解感悟能力的培养。教给学生课外阅读的方法。一是浏览性的泛读。对许多浅显易懂的故事或内容可采用浏览法，了解其主要内容，捕捉其中的知识要点或有价值的信息，在阅读中学会思考。二是探求性的速读。这是学生根据一定的目的快速翻阅阅读材料，选取自己所需信息的读书方法，指向性非常明确，或是为解决一个问题，或是为了解某方面的知识。三是品味性的精读。学生在数学阅读时，要有重点地选择一些与学习密切相关或自己最感兴趣的章节进行精读，品味文章中解决问题的思路和策略，体会文章的深远内涵，感受数学的核心思想和价值。组织学生在数学课外阅读时开展交流。阅读之后的交流，有助于学生口头表达能力的培养，讨论可以使学生更明晰思路，更深刻地理解数学。鼓励学生在数学阅读后应用于实践。我们还应关注学生在数学课外阅读中的积累，在阅读中丰富自我的思维，促进数学思维的发展。

我们试图通过教师的指导，让学生都拥有一把通往数学思维发展的金钥匙，在数学课外阅读的海洋中尽情遨游，感受数学的魅力。

时间：第11周—第12周

主题：学生阅读、批注

课时：1课时

形式：个人思考分析、小组交流

实施要点：在本节课的数学阅读中，教师要首先引导学生进行自主阅读，在阅读中提升学生的数学素养，并运用批注的策略进行指导，可以进行小组交流。

学生在书上圈、点、画、找、记，养成批注的好习惯。学生在阅读中感受故事情节中蕴含的数学思考，丰富自己的思考路径，培养良好的数学素养，提高阅读的综合效益。同时，我们还应注重培养学生其他的阅读习惯，如爱护书籍的习惯、阅读卫生的习惯等。

小组交流是促进学生对阅读内容的深度理解，在多种方式解决问题的过程中促进思维的发展。

时间：第13周—第16周

主题：数学故事分享

课时：2课时

形式：小组交流、全班汇报

实施要点：数学故事分享就是将自己看到的数学阅读内容采用故事的方式呈现出来，可以是演故事，即采用故事展演的方式呈现；也可以是讲故事，即将故事以讲述的方式呈现。故事分享是学生间互相阅读交流、促进思维发展、推介阅读感悟的重要途径。组织学生进行数学故事分享，能激发学生的数学阅读兴趣，进行积极主动的交流。

同时，开展数学故事分享，是学生喜爱的数学阅读活动，使课外阅读成为一种有组织的集体行动。活动的形式可以多种多样，目的就是不断地寻找一个个激活点，将学生的课外阅读热情激发，不断产生一次次新的激励，再踏上一个个新的台阶。组织好故事分享，为学生的数学阅读搭建展示的平台，是学生数学阅读的“催化剂”。

时间：第17周—第20周

主题：资料推介、交流汇报

课时：3课时

形式：自评、互评、组评相结合

实施要点：在开展了一学期的数学阅读后，如何进行课程的评价是值得我们思考的问题。

在日常的数学阅读评价方面，利用我校研发的《阅读存折》真实地记录下了学生的常态阅读，使学生成为一个“爱读书、会读书、读好书”的学生。在记录单上，我们通过阅读的必读书目和选读书目，真正引领学生有阅读的收获和思考。必读的书目由老师负责填写或盖小印章，选读的书目需要家长或同学签字认定。《阅读存折》真实地记录了孩子阅读的过程，存储悠悠书香，收获智慧人生。

在日常评价中，我们注重对学生的阅读过程进行及时评价。

1.查阅资料法。每周通过查阅《阅读存折》来比比谁读得多，促进学生争当“小书虫”。

2.活动评价法。开展数学阅读展示活动，倡导亲子阅读，建立有浓郁阅读氛围的家庭；倡导共享阅读，营造共读的温馨氛围；尝试数学书籍漂流活动，让学生经常人手一册，轮流交换阅读……在阅读活动开展中评价学生数学阅读情况，促进学生数学阅读能力提高。

3.作品展示法。学生在广泛数学阅读的基础上有展示自己的需要，教师要努力为学生提供展示的机会，充分利用好课堂和课后的舞台，满足学生的心理需求，及时展示学生的数学阅读成果。通过作品展示，评价学生的阅读成果，注重个性差异，学生感受到成功的乐趣。

我的阅读存款

序号	书名	作者	页数	字数（千字）	阅读起止日期	家长签名

我的阅读存款

序号	书名	作者	页数	字数（千字）	阅读起止日期	家长签名

在常态评价的基础上，期末评价更注重将常态评价的内容进行有效整合，提升评价的效能，呈现的方式方法可以多元化。

1. 阅读擂台赛。数学阅读擂台赛一方面能吸引更多学生参与进来，另一方面也能反映该生平时的阅读量、理解力、记忆力等。因此，采用数学擂台赛的形式容易使学生间相互找到差距，激发他们的阅读热情。

2. 阅读成果发布会。为了使学生一学期的阅读不走马观花、囫囵吞枣，期末可以组织数学阅读成果发布会。会上，学生可介绍自己阅读的书籍，或介绍自己阅读的感受，也可介绍相关资料和读物。数学课外阅读成果发布会是学生之间相互推荐新书、好书的时机。

3. 阅读成果交流会。期末，学生梳理自我的阅读思考，将经过心灵的体验、感悟、升华的阅读思考整理，进行专题的交流和展示。例如，在阅读了《马小跳玩数学》后，你读到了一个怎样的马小跳？学生根据自己的阅读感悟进行分享，感受数学课外阅读的魅力。在进行阅读交流中，鼓励学生放开地想，大胆地议，可以是怀疑，是批判，而后进行专题交流。学生之间产生了心灵的交流、思维的碰撞，有了质疑、批判的胆量，更多的是收获思考的快乐，感受到数学课外阅读带来的力量。

4. 阅读成果手抄报。在期末评价时，组织学生编辑阅读成果手抄报，由各阅读小组组长负责，集中介绍本学期小组成员数学课外阅读的内容和收获。这样，既锻炼了学生处理阅读信息的能力，又促使学生进一步多阅读、多积累，在期末展示中促进数学阅读走向深入，也为下学期的数学阅读打下坚实的基础。

对学生实施多元评价，既重视教师的评价，也关注同学的评价；既重视家长的评价，也关注学生自己的评价。增加评价的交互性，使其成为教师组织下的教师、学生、家长共同积极参与的交互活动。这样的评价全面、科学、客观，能更有效地促进学生开展数学阅读。以激发学生的数学课外阅读兴趣为目的，促进学生对数学阅读内容的深入理解，促进学生思维的发展。

第六章　小学数学阅读实践

阅读是一切学习能力的核心，阅读能力是学习其他学科的基础，也是现代人的基本素养。数学是思维的体操，语言是思维的载体，思维需要用语言或文字来表达，所以阅读能力是构成思维能力的最基础成分。

在数学阅读的实践中，我积极探索和总结出数学阅读的六大策略，探索数学阅读方法，将平时执教的数学阅读的教学设计进行汇编，一起探索数学阅读的实践。

“数学的学习也就是数学语言的学习”，语言的学习自然离不开阅读。实践证明，数学语言能力强的学生，数学语言的理解能力相应也强；相反，数学语言能力弱的学生，数学语言理解能力也相对弱一些。开展数学阅读，不仅开阔了学生数学的视野，更有助于学生课外阅读习惯的养成；学生的数学语言理解能力得到显著提高，应用意识更得到增强。数学阅读能力的培养，更好地实现数学核心素养的提升。

苏霍姆林斯基说过，学会学习首先要学会阅读，一个阅读能力不好的学生，就是一个潜在的学困生。如果在小学里没有教会他阅读，他日后在学习中就会遇到无法克服的困难。未来科学越来越数学化，社会越来越数学化，将来要想读懂“自然界这本用数学语言写成的伟大的书”，没有良好的数学阅读基本功是不行的。因此，面向未来培养学生具有以阅读能力为核心的独立获取各种知识的能力，使他们获得终身学习的本领，正符合现代教育“终身学习，终身教育” 的思想，这也是我们所倡导的素质教育的初衷和归宿。作为数学课外阅读推广人的我也不断地体会着其中的幸福和快乐。

一、数学阅读策略

我国数学家华罗庚先生曾多次谈到的读书方法是“由薄到厚”和“由厚到薄”，把学过的内容贯穿起来，抓住重点、线索和基本思想方法，组织整理成精练的内容，提炼出它的精神实质，这就是数学阅读要经历的过程。

在进行数学阅读时，需要一定的阅读策略，如果学生能够掌握这些策略，那么进行课外阅读将事半功倍。

我和名师工作室研修学员对所在的6所小学的师生进行了访谈，我们梳理了近1000名小学生（访谈提纲详见附件1）和300名小学教师（访谈提纲详见附件2）的访谈内容。访谈的结果如下：

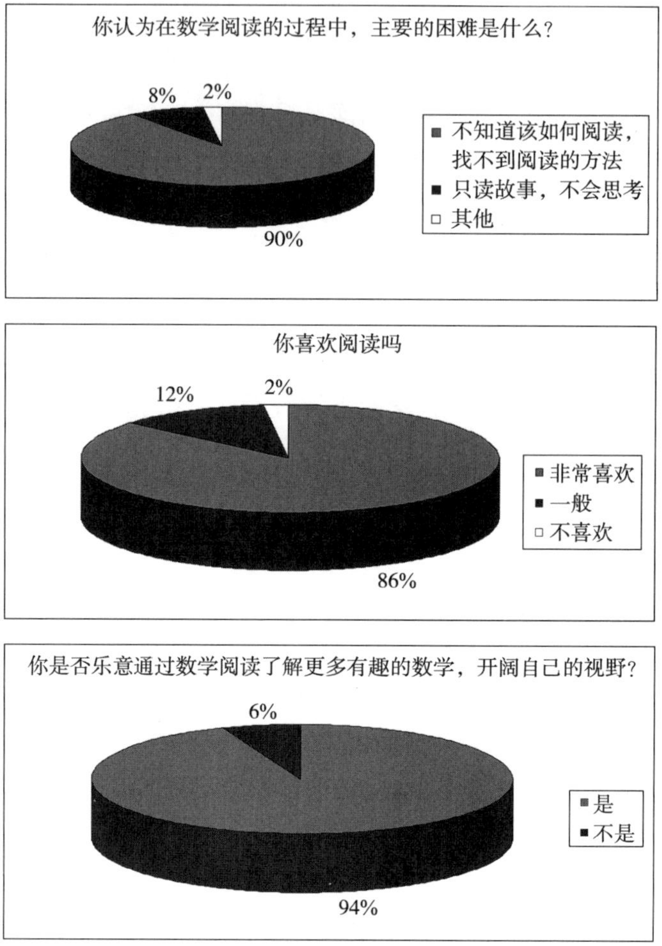

学生访谈结果

在学生访谈结束后，我们发现：学生还是很喜欢阅读的，只有2%的学生不喜欢阅读；94%的学生乐意通过数学阅读了解更多有趣的数学，开阔自己的视野；90%的学生认为在数学阅读中，主要的困难是不知道该如何阅读，找不到阅读的方法；8%的学生认为只读故事，不会思考。学生的数学阅读更多的是习题类的内容，真正意义上的数学阅读几乎为零。

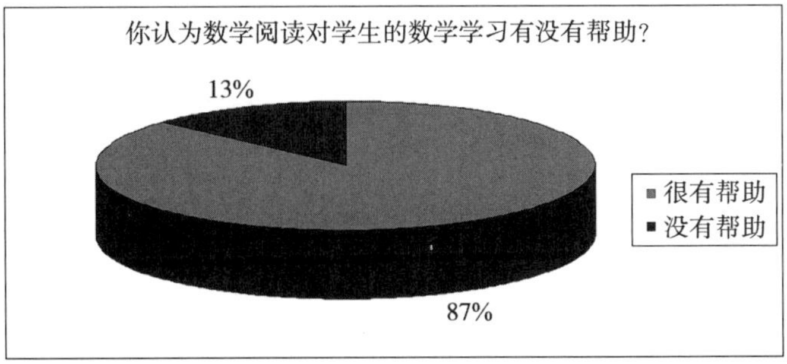

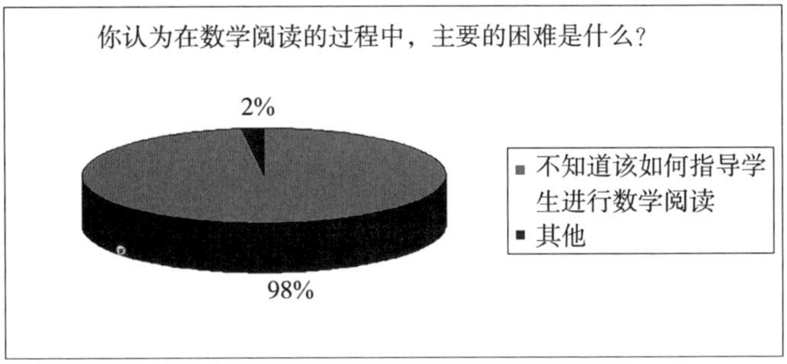

教师访谈结果

在对300名小学数学教师的访谈中，我们发现：13%的数学教师认为数学阅读对学生的数学学习没有帮助，98%的教师认为开展数学阅读的主要困难是不知道该如何指导学生进行数学阅读。教师不注重数学阅读，缺乏对学生数学阅读必要的阅读策略的指导。

提到阅读，人们通常想到的是语文方面的阅读，很少将阅读与数学联系在一起。可见，数学阅读是一个被忽视的课题。因此，重视数学阅读，在实施新课程的今天，具有重要意义。但大多数的研究都是概念化的描述和理性化的概括，缺乏可操作性的方法和案例。

综上所述，我认为开展数学阅读，对学生成长意义重大，我们应该进行数学阅读的学生阅读策略研究。在教学实践中，我立足课堂，做到从学生的角度出发，以学生为主，对具体掌握数学阅读的可行性操作方法方面进行深入探讨。

我和名师工作室的研修教师们，围绕数学阅读的学生阅读策略进行了深入研究。我们先后成立课题研究组，在前期广泛学习、收集资料、酝酿、初步制订研究方案，并对研究方案组织论证，修改、完善方案，进行实践研究。

接着，我们课题组教师通过一定时间的实践、思考，对课题研究达成共识，开始尝试有组织、有目的交流。我们每学期都安排一次课堂教学观摩活动，并在此基础上使课题研究有质的提高。我们先后开展了数学阅读导读课展示、数学阅读交流课分享、数学课外阅读教师讲坛等活动。在实践研究的过程中，老师们积极总结经验，逐步形成自己对课题的理解，并有自己的方法。

我在指导学生进行数学课外阅读的过程中，多次引导学生运用阅读策略进行深入阅读。

策略一：批注

阅读不能只是用眼浏览，而应是眼、口、手、脑等多种器官充分协同参与。在数学课外阅读中，倡导学生运用各种符号把重要内容做好记号，如用“～”标明主要信息，用“？”标出有疑问的地方，用“……”表示注意等。作为教师，我们要引导学生寻找“批注点”进行数学阅读批注，批注点可以是难点之处、独特思考之处、情感共鸣之处、阅读空白之处、思维困惑之处……在批注时，我们可以采用眉批、首批、侧批和尾批等形式，用小段文字注明自己的认识和思考，用具有典型意义的图例或实例解释阅读内容中抽象的表述等，培养学生“边阅读，边思考”的习惯。批注是数学阅读的有效策略，通过批注，深入理解学生进行

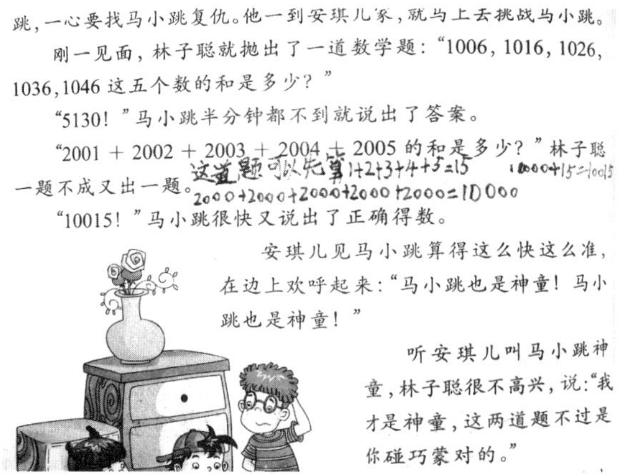
跳，一心要找马小跳复仇。他一到安琪儿家，就马上去挑战马小跳。

刚一见面，林子聪就抛出了一道数学题：“1006，1016，1026，1036，1046 这五个数的和是多少？”

“5130！”马小跳半分钟都不到就说出了答案。

“2001 ＋ 2002 ＋ 2003 ＋ 2004 ＋ 2005 的和是多少？”林子聪一题不成又出一题。

这道题可以先算1+2+3+4+5=15 2000+2000+2000+2000+2000=10000 10000+15=10015

“10015！”马小跳很快又说出了正确得数。

安琪儿见马小跳算得这么快这么准，在边上欢呼起来：“马小跳也是神童！马小跳也是神童！”

听安琪儿叫马小跳神童，林子聪很不高兴，说：“我才是神童，这两道题不过是你碰巧蒙对的。”

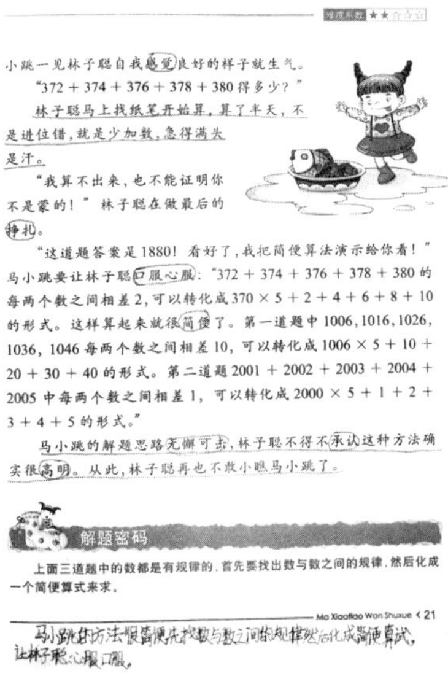
小跳一见林子聪自我感觉良好的样子就生气。

“372 + 374 + 376 + 378 + 380 得多少？”

林子聪马上找纸笔开始算，算了半天，不是进位错，就是少加数，急得满头是汗。

“我算不出来，也不能证明你不是蒙的！”林子聪在做最后的挣扎。

“这道题答案是1880！看好了，我把简便算法演示给你看！”马小跳要让林子聪口服心服：“372 + 374 + 376 + 378 + 380 的每两个数之间相差2，可以转化成 370 × 5 + 2 + 4 + 6 + 8 + 10 的形式。这样算起来就很简便了。第一道题中 1006，1016，1026，1036，1046 每两个数之间相差 10，可以转化成 1006 × 5 + 10 + 20 + 30 + 40 的形式。第二道题 2001 + 2002 + 2003 + 2004 + 2005 中每两个数之间相差 1，可以转化成 2000 × 5 + 1 + 2 + 3 + 4 + 5 的形式。”

马小跳的解题思路无懈可击，林子聪不得不承认这种方法确实很高明。从此，林子聪再也不敢小瞧马小跳了。

解题密码

上面三道题中的数都是有规律的，首先要找出数与数之间的规律，然后化成一个简便算式来求。

Ma Xiaotiao Wan Shuxue < 21

马小跳的方法很简便先找数与数之间的规律然后化成简便算式，让林子聪心服口服。

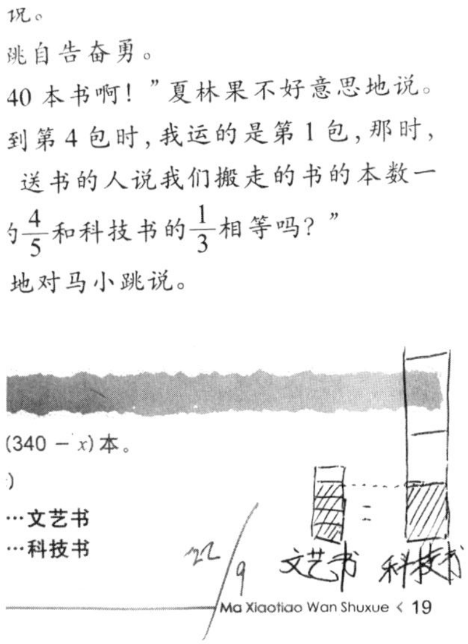
况。

跳自告奋勇。

40 本书啊！”夏林果不好意思地说。

到第 4 包时，我运的是第 1 包，那时，

送书的人说我们搬走的书的本数一

的 $\frac{4}{5}$ 和科技书的 $\frac{1}{3}$ 相等吗？”

地对马小跳说。

(340 − x) 本。

)

…文艺书

…科技书

22/9　文艺书　科技书

Ma Xiaotiao Wan Shuxue < 19

思考的过程，促使学生在思考中阅读，在阅读中思考。

进行数学阅读批注，是学生个性化数学阅读的具体体现，是在教师指导下学生自主阅读的深化，是以书面形式表达阅读体验的数学阅读活动。数学阅读的批注是对阅读内容全面的分析，深刻的理解。

策略二：绘制数学连环画

由于数学课外读物编写的逻辑严谨性及数学“言必有据”的特点，在课外阅读时，要对每个句子、每个名词术语、每个图表都应细致地阅读分析，领会其内容、含义。在绘制连环画的过程中，学生要将数学阅读文本经过大脑思考产生构思、想象、创造再现出来，通过简洁的线条概括，情节生动、夸张，可读性强，深受学生的喜爱。

数学连环画以其独有的图文并茂、浅显易懂的特点，深受小学生

的欢迎。绘制数学连环画是数学阅读的有效策略，通过绘制数学连环画，有利于学生深入理解数学阅读的内容，在绘制数学连环画中理解数学、感受数学，促进学生数学思维的发展。

策略三：开展数学阅读交流会

数学阅读书籍中的语言可以说是通常的文字语言、数学符号语言、图形语言的交融，数学阅读重在理解领会，而实现领会目的的行为之一就是“内部言语转化”，即把阅读交流内容转化为易于接受的语言形式。因此，数学阅读常要灵活转化阅读内容。学生在阅读的过程中，需要把一个用抽象表述方式阐述的问题转化成用具体的表达方式来表述的问题，即用你自己的语言来阐述问题。数学课外阅读常要求大脑建起灵活的语言转化机制，而这也正是数学阅读有别于其他阅读课程最主要的方面。

班级数学阅读开展一段时间后，我积极将数学阅读的内容采用讲故事的形式呈现，在讲数学故事的过程中加深学生对数学阅读内容的理解，也强调了数学阅读过程中的思想和方法。

策略四：组织数学故事展演

数学故事展演是学生以故事为线索展开的表演活动。学生根据数学阅读内容和情节，通过角色扮演，运用语言、动作和表情进行展演，表演是手段，故事才是核心。在展演的过程中，学生将阅读内容进行分解和内化，通过表演的形式呈现出来，在展演的过程中加深对阅读内容的深入理解。

在小组表演中，有分工，还有合作，真正引导学生在积极思考中形成对数学故事深入的理解。

策略五：进行数学故事的改编和续写

在数学阅读的过程中，我会组织学生进行数学故事的改编和续写。改编和续写的时候先确定中心，然后根据中心构想数学故事情节，接着进行创作。这样的改编和续写在读懂原来数学故事的基础上，以原来数学故事的结局为起点，

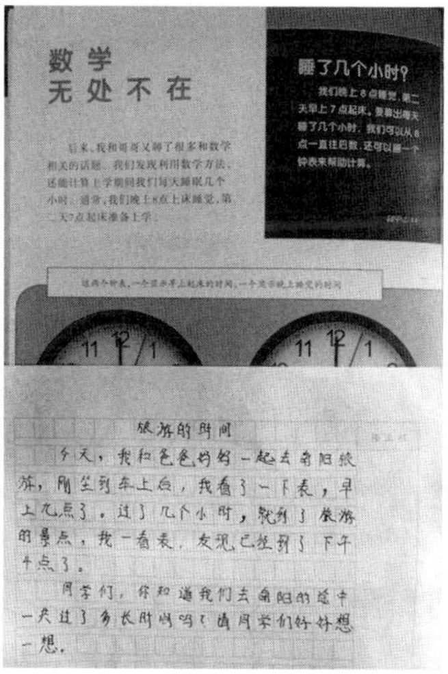

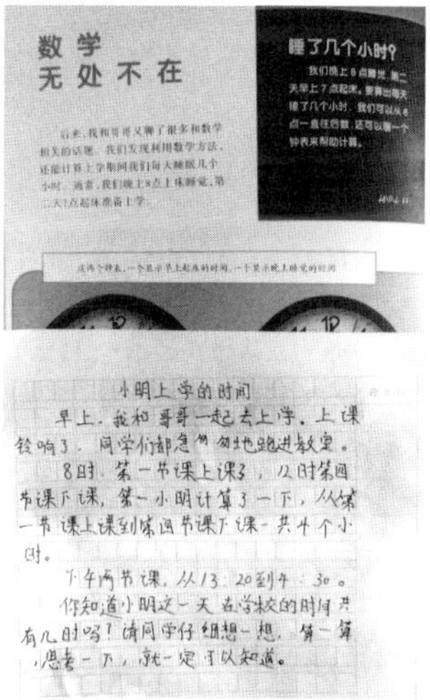

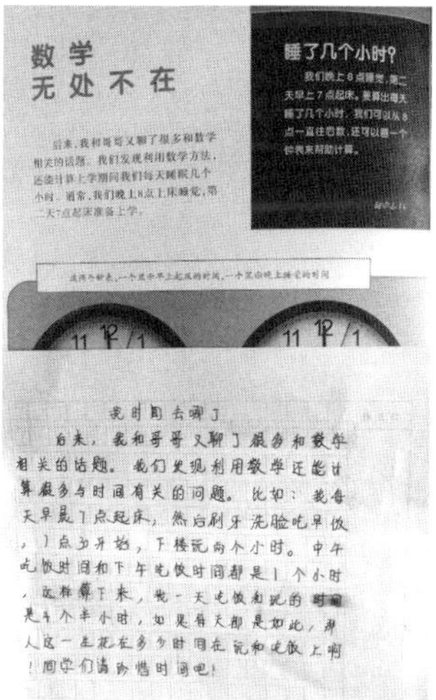

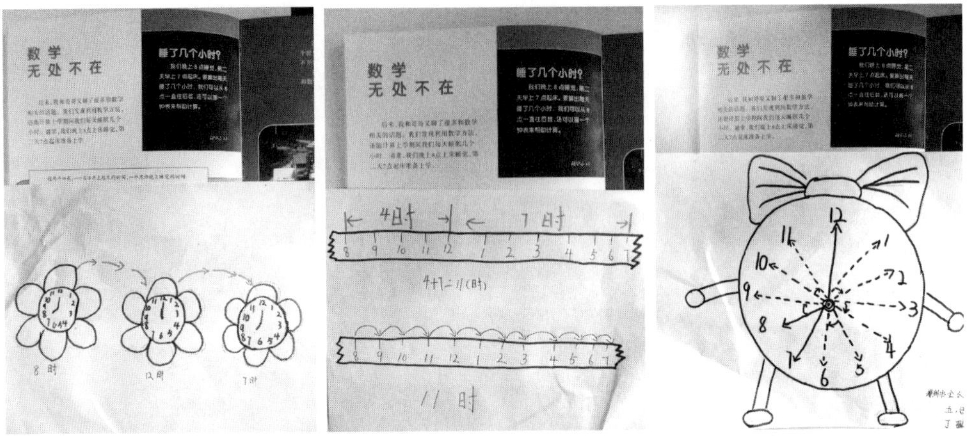

展开充分的想象与联想，做到合情合理、真实生动，写出原来故事情节的发展和变化。

例如，我在引导学生阅读了《数学无处不在》后，学生根据阅读的内容进行了改编和续写。

策略六：鼓励书写读后感

现代信息加工理论和认知心理学理论认为，“数学学习的过程分为信息输入、相互作用、操作训练、信息输出四个阶段”。听、读属于信息输入加工形式，说、写属于信息输出加工形式，它们都是数学课堂学习活动的前提和不可缺少的学习能力，也是提高数学课堂学习质量的保证。

数学阅读，可以是从书中领悟出来的数学知识或数学思想，可以是受书中的内容启发而引起的思考和策略，也可以是因读书而激发的学习数学的信心和理想等。读是感的前提、基础；感是读的延伸、拓展。

阅读是思考，是理解，是收获，是人生必然的经历。苏霍姆林斯基在《给教师的建议》中指出：“课外阅读，用形象的话来说，既是思考的大船借以航行的帆，也是鼓帆前进的风，没有课外阅读，也就没有风和帆。阅读就是独立地在知识的海洋里航行。”数学阅读，促进了学生对数学的理解和感悟，也促进了学生数学思维能力的发展。学生在数学阅读的过程中，不仅掌握了阅读的策略，而且提升了数学课外阅读的质量。

二、数学阅读方法

苏霍姆林斯基说过：“把每个学生都领进书籍的世界，培养其对书的酷爱，使书籍成为智力生活中的指路明灯。”作为教师，我们能让孩子享受数学阅读的乐趣，养成阅读的习惯，我们就为孩子创造了一个美丽的世界。

数学知识的科学性较强，数学的文字叙述总是要求有理有据，数学的特点要求学生逻辑严密。而在数学阅读的过程中需要教师引导学生通过文字看到数学背后完整的推理过程。每次的数学阅读都是一个精细思维的过程，在这个过程中，需要思维严谨，逻辑演绎准确。

数学作为一门基础学科，与科学技术和现实生活紧密相连。学生通过数学课外阅读，不仅可以全面地了解数学知识产生的背景，更能具体地认识数学对现代生产生活的重要意义，更能真切地体会数学家不畏艰辛、勇于探索、执着追求的精神，更能深刻地感受数学文化的内涵，从而提高数学学习的兴趣。

学生数学素养的提高远不止一本数学教材，教师要让孩子阅读更多的数学课外读物，让学生的数学素养得到提高。数学课外读物也是一道丰盛的数学大餐，能让孩子在阅读数学故事的过程中提高思考智慧，能让学生了解数学的发展历史，了解数学在生活中的广泛应用，了解数学家的成长……

在数学阅读实践的过程中，我越来越深刻地体会到：学生书读得越多，理解力就越好；理解力越好，他就越喜欢读，读得越多。数学阅读有很多目的，最重要的是激发学生自行阅读的动机，用阅读进行数学思考，发展学生的数学思维，提升学生的数学素养。

在我进行数学阅读的实践中，不断探索和完善指导学生开展数学阅读的方法。我自1999年就有意识地关注数学阅读，开始了零碎的实践探索：起初是单篇文章的阅读，这些文章都是来自网络或报刊；后来是相近似的一组文章的阅读；再后来开始探索整本书的阅读；2008年，我们学校数学组团队一起开启了数学阅读的研究；2011年，我尝试编写《魔力数学》校本课程，为学生提供了丰富的阅读资源；2013年，我在河南最具影响力教师观摩活动中展示数学阅读课；2016年，我主持的数学阅读课题被郑州市列为重点课题；2017年，我在金水区金硕杯课堂教学展评中执教数学阅读课……这一路走来，感慨颇多。那么，如何开展小学生课外阅读活动呢？我的做法是：

1. 营造良好的数学阅读氛围，激发学生的阅读兴趣

“由读书引起的精神振奋的状态，是一个强大的杠杆，借助它能把大块的知识高举起来。”苏霍姆林斯基的论述提醒我们，营造良好的读书氛围，将会成为提升学生核心素养的有效方式，在教育学生的工作中事半功倍。

数学阅读要营造一定的阅读氛围，让学生随时随地有书可读，这样开展阅读才会蔚然成风。学校应当建立图书室，规定一定时间让学生阅读；班上可建立图书角，让学生课余时间有书可读；建议学生家庭可以建立图书架，让家长购买一些符合学生年龄特点的数学阅读书籍，让孩子节假日有书可读。营造一个人人爱阅读的良好氛围。

作为教师，我们要有意识地引导每一个学生都养成阅读的好习惯。这样，学生都喜欢读书，能互相影响，也可以互相交流，共同进步，营造一个集体阅读的氛围。

数学阅读，使班级充满书的味道

最是书香能致远。我们需要阅读，因为阅读能给予我们无限的能量，引领班级

不断前行。

班级，是学习的场所，也是阅读的场所。当我们的每个班级都充满书香，我们就能在教室里感受到书的浓厚气息，我们就会感受到阅读带给我们的快乐。

阅读的班级是快乐的。班级积极开展阅读活动，能让每个学生彼此分享阅读的快乐，交流彼此思考的快乐。在我的班级里，经常听到孩子们在一起交流数学故事带给他们的思考和智慧，我们彼此分享阅读的快乐。

阅读的班级是丰盈的。静静的阅读是和作者的内心交流，和同伴的阅读分享能够让我们的内心更加强大。正是有了班级数学课外阅读，才让我们的心灵得到一种前所未有的成长。

阅读的班级是优秀的。我们走进一个班级，感受最浓厚的就是阅读的氛围。喜欢阅读的班级，每个孩子都是优秀的，即使再差，也差不到哪里，因为数学课外阅读带给孩子的不仅是知识，更多的是一种优秀的品质。

阅读的班级是多彩的。爱阅读的班级，总能给我们带来无限的创意，因为孩子在数学课外阅读中收获了思考，收获了不同的人生。正是有了这样的经历，才让我们感受到数学学习是如此丰富多彩。

阅读的班级是智慧的。班级阅读活动的积极开展，助推学生成为智慧者。积极的数学阅读能够引领学生的成长，积极的数学阅读体验也能增加学生的智慧，在数学阅读中增长智慧，在数学阅读中启迪智慧，彼此分享智慧阅读的快乐。

正是所有的这些，让书香班级最有后劲，在阅读中促进学生的成长。

阅读，让教室变得温馨而幸福

愉快的教师和愉快的学生所在的教室肯定是愉快的教室。阅读的学生越多，教室越安静，看一样的书，分享一样的故事，自然交流就会增多并且共同进入到精神领域。向老师借书的学生、一起分享书中故事的学生……在这种时候，亲近感油然而生。学生们看到平时不是很亲近的同学在看自己看过的书会过去说话，遇到与自己看过同一本书的同学会过去交流，这样就形成了读过同一本书的某种共同感，也因此有些人会成为朋友。

我们倡导阅读后的分享，分享彼此的阅读感受，分享阅读后的收获，分享彼此阅读后的幸福。数学阅读让教室变得更加温馨，这里不仅仅是学习的场所，更是分享交流的地方，一起在读书、换书、交流中分享彼此最美的姿态，一起在品味、阅读中成长。

在数学阅读的过程中，我和学生们一起分享阅读的快乐。课下，学生拿着数学阅读书醉心阅读时，我以为是最美的样子。

在开展数学阅读的日子里，每次走进班级，我都感受到学生的安静，教室变得温馨而富有生命的活力，教室里流动着阅读的快乐和思考的张力，在积极的思考中营造着幸福的瞬间。

营造有阅读文化氛围的家庭

作为一个家庭，我们如何给孩子营造一个有文化的氛围呢？

一、注重书屋布置，让孩子爱上阅读

孩子从牙牙学语到自己能阅读期间，总是缠着大人讲故事、儿歌等，有时还纠缠不休，但为什么有的孩子长大了反而不喜欢阅读了呢？我想更多的是家庭没有给孩子营造适合阅读的环境，没有让孩子体会到阅读带来的快乐。我们应给孩子营造一个阅读的氛围，引领孩子走进阅读的天地，品味书香的快乐。家里，应该有孩子的书柜，让孩子把自己喜欢的书籍摆放在书柜里，便于及时查看。

二、注重亲子阅读，与孩子一起成长

亲子阅读，我们能感受到书带给家庭的温馨和快乐，我们能感受到孩子的快乐和幸福。与孩子一起阅读，让我们分享到家庭的温馨，在阅读中感悟文本的魅力。

阅读的过程是家长和孩子交流的过程，也是思想交锋的过程，在阅读、交流、分享的过程中，我们都能感受到成长的力量。

三、适时进行主题交流，与孩子共同成长

围绕一些数学的观点、时事以及关心的话题进行交流，孩子会在交流中学会思考，会在思考后通过多种途径获取信息，这种信息的获取也是一种阅读方式。学生可能会从图书馆中获取阅读的快乐，也可能从网络中获得阅读的思考。无论哪种形式的阅读都是在不断完善自我，不断丰富自我，让家更有文化味儿。

营造有文化氛围的家庭远不止上面这些，我们只要努力用文化引领孩子的成长，用阅读启迪学生的智慧，就能让有文化氛围的家庭前进畅行。

在数学阅读中汲取智慧

阅读，让人更有智慧；阅读，让我们感受到成长的愉悦和智慧的分享。作为教师，我们应该读书，成为学生的榜样，引领学生“悦读”，让读书走进教师的生命历程，让读书成为教师的智慧之举，让我们在读书中一起成长，用读书浸润我们的课堂，让读书成为教师一项扎实的修炼，让教师一路读书、一路欢歌，促进自身的专业成长。

数学阅读更多的是引领学生在阅读中进行思考，在思考中汲取智慧。在数学课外阅读的过程中，学生积极思考，与文本进行深度的对话和交流，在不断的思考中促进对文本的理解，在积极的思考中找到解决问题的策略和方法。学生在数学阅读的过程中建构自我的知识体系，丰富、完善自我的认知结构，在数学阅读的过程中，加深对所学内容的深入理解，并进行应用，拓展所学内容。这样的数学阅读，促进学生养成良好的阅读习惯，拥有强大的阅读能力，形成终身受益的数学阅读人生。

让阅读走进数学教学

关于阅读，我们总认为是语文的事，对数学教学而言，似乎没有什么意义和价值。当我阅读了苏霍姆林斯基《给教师的建议》中的“‘两套教学大纲’，发展学生思维”后，对开展数学阅读更加坚定了信心。

回顾我校开展数学阅读的一些历程，我们经历了从推荐一些有针对性的阅读资料到有目的地推荐一部分好的报纸杂志，如《小学生学习报》《数学大世界》，再到推荐整本的数学课外读物，如《马小跳玩数学》《“拍脑袋”趣味数学》《贝贝妮奇奇卡的数学之旅》《李毓佩数学学习故事》。我们经历了从无序到有序的过程，从不规范到规范的思考。另外，为了保证数学阅读的顺利进行，我校从每周的数学课中专门定下一节课为数学阅读课，为学生的数学阅读提供时间保障。在开展数学阅读的过程中，我们也加深了对数学阅读的认识：数学阅读不能只是用眼浏览，而应是眼、口、手、脑等器官充分协同参与，数学阅读的过程是一个动脑积极思考的过程。在教学中，我校数学教师借用语文教学中常用的阅读方法，并适当发展，把批注引入数学阅读，让学生随时记录下自己真实的阅读感受。只阅读了而缺少交流也是一种缺憾，于是，中年级数学组采用每节课的前半部分，学生自己阅读；后半部分，交流自己看到的精彩之处、难点，或者不理解的内容。一堂课的教学时间毕竟是有限的，为此，我们还在课外进行阅读延伸。六年级数学组利用周末给学生布置一定的阅读内容，要求家长协助学生阅读……这些做法激发了学生的阅读兴趣，充分挖掘了学生的潜能，提升了学生的数学素养。

播下数学阅读的种子，才能使数学阅读成为学生的自觉行为。让数学阅读真正根植在教师的心中，学生才有可能走进数学阅读的殿堂。愿我们共同努力，真正让学生在数学阅读中学会学习，提升学生的数学素养。

做一名数学阅读的推广者

阅读，带来的是成长的愉悦和心灵的感悟。阅读，不是语文的专利，作为数学学科，我更倡导学生在阅读中加深对数学的理解，从而提高学生的数学素养。

我从尝试开始做数学阅读，到和学生一起数学阅读，再到家长、学生和我一起阅读，我们在阅读中感受着数学学习的快乐，在阅读中拓宽我们的视野，在阅读中丰富我们的智慧。

我最大的梦想和追求就是做一名数学阅读的推广者，积极开发数学课外阅读课程，把阅读带来的感受和思考推荐给更多的教师和家长，通过数学课外阅读，让兴趣引领学生成长，提升学生的数学素养。上学期我和四（4）班的家长一起阅读了《魔力数学》，家长与我一起分享和孩子阅读的快乐，希望本学期三（3）班的家长和孩子也一起读起来。读起来，你才能感受到孩子带给你的精彩！作为家长，我们在家里阅读，会带动孩子的阅读，更有利于营造书香家庭，营造浓厚的阅读氛围。

让孩子成为书的富翁

不论父母职业、学历、社会地位、经济状况有何不同，喜欢读书的孩子都有一个共同点，那就是家中都有很多书。

根据研究发现：即使家长很重视教育，在课外辅导中投入也很多，但如果家中藏书不多，孩子还是不喜欢读书。我希望家长能够把书作为礼物送给孩子。

家庭是孩子成长的地方，也是影响孩子一生的场所。孩子是否真正热爱阅读，关键就是家庭藏书和读书氛围的营造。作为家长，我们应该积极营造浓厚的读书氛围，让孩子爱上读书。

如果您和孩子一起把家里的书都拿出来整理一下，用孩子的年龄乘10，如果家里藏书的数量大于这个结果就是富翁；如果家里藏书的数量小于孩子年龄的3倍就是书的贫困者。您的孩子是书的富翁吗？请您用上面的方法看一看孩子到底有多少本书。我建议各位家长，在书桌旁、休闲桌旁放上自己喜欢的书或和孩子一起阅读的书，在休闲之余，醉心阅读，就能让孩子获得一种感染，让孩子在家中也养成读书的好习惯，真正让您的孩子成为书的富翁。

带着孩子在书中旅行

记得有这样一句名言：读书，如同和一个高尚的人在谈话。而阅读犹如带着孩子穿梭在知识的海洋中进行一次远足，我们在旅途中既能领略风光的无限美好，又能找回自己童年的快乐。数学课外阅读，行走在文字之间，用思考、智慧与作者进行对话和交流，透过文本，我们读出了自我，读出不同的思考。阅读很多时候是一种自我对照和灵感闪现，更多的是激活自我的经验，在值得回味的地方会多停留片刻。带着孩子在数学课外书中旅行，让我们和孩子一起品味数学探索的快乐，与孩子一起分享阅读的愉悦；带着孩子在书中旅行，让数学书籍变得更加友好，更加亲密，让我们在数学智慧阅读中一起成长，在旅途中增长见识，不断超越。

数学课外阅读，带着孩子不仅是品读文字，更多的是进行思考。打开一扇扇窗，引领孩子看到不一样的世界。

在数学阅读中享受幸福

苏霍姆林斯基说过："把每个学生都领进书籍的世界，培养其对书的酷爱，使书籍成为智力生活中的指路明灯。"我在个人阅读的同时，开始尝试和学生、其他教师一起读书，使我更加充满灵气和活力，使我更有智慧和思想。用书的思想和智慧丰盈自己的心灵，真正成为一个"读书人"。读书改变了我的课堂文化，在平等、对话、交流的氛围中，我与学生共同成长。

我一直致力于做一名数学阅读推广者，也积极利用博客平台引领学生开展阅读活动。在我的博客里，汇集着阅读活动的声音，留下的是阅读活动不断前行的脚印。这个博客成了引领家长、学生进行数学阅读的“天途”；这个博客成了我和学生分享阅读感悟的阵地；这个博客成了我和读者分享思考的港湾。我在整理博文的过程中，留下最多的是阅读的思考和温馨的回忆。因为阅读不但带给我们快乐，更带给我们智慧；阅读带给我们的不仅是感动，更多的是一种收获和成长，在感动中收获成长，在阅读中成就自我。静心阅读，让我们抛弃世俗的偏见，收获快乐；让我们从思考中学会分析，感受数学学习的乐趣……爱上阅读，爱上数学，让我们一起发现、探索生活中的数学奥秘，一起走进美丽的数学殿堂。

我开展的数学阅读活动也影响到了学生的家庭，让家长发生了变化。“和孩子一起读书是一件开心快乐的事情”，用这样的心态和孩子进行亲子阅读就能收获快乐和亲情；“教育孩子一定站在孩子的角度和思维去考虑问题”“你做最好的妈妈，我做最棒的‘马小跳’”，这些经典的话语来自亲子阅读后的感悟。

阅读，并长期坚持下去，就会收获一个爱思考、爱阅读的好习惯，而这个习惯会让我和学生终身受益。

2．推荐读物，激发学生的阅读兴趣

为了让学生读更多更好的书，教师可根据小学学段阅读要求，给学生规定一些“必读书”和“选读书”。必读书目是全班进行集体阅读、交流的，采用精读的方式进行阅读；选读书目是学生根据自己的爱好自主进行选择阅读。

教师要经常有意识、有计划地向学生介绍一些适合学生阅读的数学课外读物，激发学生读书的兴趣。推荐数学课外读物的形式有很多，教师在自己阅读的基础上，把书中值得思考和交流的精彩故事讲述给学生听，让富有哲理的思考和故事情节激起学生阅读的兴趣；也可利用班级图书角等形式，为学生提供一些他们喜欢的图书，激发学生数学阅读的兴趣。

我推荐的数学阅读书目

学生数学素养的提高远不止一本数学教材，让孩子阅读更多的数学课外读物，让孩子在阅读数学故事的过程中提高思考智慧，让孩子了解数学的发展历史，了解数学在生活中的广泛应用，了解数学家的成长……

根据近几年来我看到的一些数学课外读物，特进行一些推荐，仅供家长和孩子自主选择。

1.《马小跳玩数学》（杨红樱主编，吉林美术出版社）

推荐理由和心得：

本套丛书适合1—6年级的学生进行数学阅读，书中的一个个小故事深受学生喜爱，在故事阅读中启迪学生思考。

2.《李毓佩数学学习故事》（李毓佩著，海豚出版社）

推荐理由和心得：

本套丛书一共3本，每本都是通过数学童话的形式展开故事情节，同时，故事中也注意数学思想方法的提炼，通过“数学高手”展示出数学核心的思想和解题策略，然后引导学生通过“试一试”检测掌握情况，这样的童话阅读激励学生在丰富的想象中学习有趣的数学。

3.《数与代数》《空间与图形》《统计与概率》《综合与应用》（李楠主编，延边大学出版社）

推荐理由和心得：

这几本书采用一个个小故事呈现，每个故事中都有趣味链接、知识看板和智慧屋几个板块，通过阅读真正感受数学的有趣和好玩。

4.《天啊！数学原来可以这样学》（野口哲典著，刘慧、韩丽红译，陕西师范大学出版社）

推荐理由和心得：

本书采用父子对话的形式将50个故事梳理成一个个有趣的思考，通过对话，引导学生感受数学的有趣，感受数学的无穷魅力，逐步爱上数学。

5.《数学故事》（襟天、艾美著，北京少年儿童出版社）

推荐理由和心得：

本书由短小的故事组成，每个故事都有“指指点点”和“七嘴八舌”，并采用侧批的方式呈现有关思考和数学名言，让我们充分感受数学的无穷魅力。

6.《数学西游记》《数学动物园》《数学神探006》《数学司令》《数学王国历险记》《数学小眼睛》《数学智斗记》（李毓佩著，湖北少年儿童出版社）

推荐理由和心得：

本套丛书一共7本，每本都是围绕一个主人公通过数学童话的形式展开故事情节，在数学阅读的同时，培养了学生的数学思考能力，促进了学生数学思维的发展。

3．注重阅读策略指导，提升数学阅读品质

很大程度上来说，阅读是学生自己的事情，在自悟自得中汲取智慧，但阅读也是有策略的，在现实教学中因为缺乏有效的策略引领，不能起到很好的效果，不能有效推进阅读的质量。只有注重策略的指导，才能提升学生的数学素养，促进学生进行智慧学习。

在学生进行数学阅读的过程中，作为教师，需要适时进行指导，我在学生进行课外阅读时，根据学生阅读的情况，为了确保数学阅读的实效，有重点地向学生介绍一些数学阅读的策略，指导学生进行数学阅读。这些阅读策略能够有效指导学生进行有深度的阅读。

感受学生批注的魅力

阅读学原理告诉我们，阅读是由阅读客体（文本）、阅读主体（阅读者）和阅读本体（读者阅读书本的实践活动）三者组成的。当阅读主体与阅读客体之间不是通过阅读本体而是通过第三者的阅读实践（教师的阅读）来构成这个系统时，这种阅读的效果自然会大打折扣。

采用批注的方式进行阅读就是在阅读过程中，将自己的思路、困惑用文字的方式在文中及空白处进行标记和书写，用来帮助理解和深入思考的一种读书方式。数学批注，能够体现以学为主，促进学生对数学方法的掌握和数学策略的理解，奠定今后学习、发展的基础。

在数学阅读中，学生应该留下思考的痕迹。我倡导学生阅读的同时进行批注，呈现真实的想法和思考。

数学批注略不同于语文批注，前者更加关注学生思维的发展，在批注的过程中注重批注不同的解题思路、不同的思考过程，以及批注简洁的数学图表等，这有利于学生加深对数学的理解。

批注是在平日能够养成的数学学习习惯，可以提高自己的阅读能力。通过批注习惯的养成，学生会逐步爱上阅读。

批注注重学生个体的感悟和思考，真正变“学会”为“会学”，学生在批注的过程中能产生个性化的思路和想法，对问题有多元的思考和理解，提升阅读的质量。

读后感交流让学生爱上数学阅读

今天，我们在数学阅读课上把上周写的读后感进行交流。在交流中，很多学生把自己的阅读感受和全班同学进行分享，阅读相同的书，分享不同的阅读感受，学生感受到的数学也有不一样的精彩。数学阅读更多的是倡导分享的快乐，交流让阅读更有深度，让阅读更有思考，在阅读中启迪智慧，真正让阅读引领学生的发展。

阅读交流搭建了一个学习的平台。在这个平台上，学生分享阅读的快乐；在这个平台上，学生自信地展示着自己的阅读成果；在这个平台上，学生感受到了来自数学阅读的魅力……数学阅读，带给师生的不仅有收获，更多的是一种智慧的启迪，让学生在阅读中分享同伴的声音，在阅读中感受一起阅读的幸福。

读后感交流让学生爱上数学阅读，在阅读中提高学生的数学素养，真正让阅读促进学生的持续发展。

读写结合，使学生成为“数学小作家”

开展数学阅读的同时，我将写作纳入阅读的有机组成部分，倡导学生把阅读的感受、用数学的眼光观察生活的感受和运用数学知识解决问题的过程记录下来。暑假前，我和学生们一起约定开学之初要看到每个学生第一本自己的“数学书”，让每个学生都体会一下作者的感受。

开学初，我打开学生交上来的作业，我被学生的认真感动了，我被学生的执着感动了。翻看学生一篇篇的数学日记，回顾他们数学学习的一年时光，我的心中充满着太多的幸福。我教了这个班一年的数学，现在每个学生都有一本自己的“数学书”，而且是第一本，我比学生还幸福。看着学生精心编辑的书稿，无论从封面的设计，还是正文的编辑，我能体会到付出后的喜悦。

说心里话，我真的很喜欢学生的“书”，也很想拥有，但看着学生们辛苦的付出，我又怎忍心把孩子的“最爱”据为己有？于是，我将学生的“书”拍成照片保存下来。学生的潜能是无限的，“给点儿阳光就灿烂”！让我们在阅读中与学生一起成长，在写作中品味成长的味道！

4. 进行读书交流，分享阅读的思考和收获

作为小学生，他们活泼好动，表现欲强，喜欢参加各种各样的表演和竞赛活动，来展示自己的才能。因此，在数学阅读的过程中，教师组织学生进行读书交流，不仅能丰富学生的数学阅读经历，而且也能使学生的数学阅读的思考得到分享，提高数学阅读的品质。

举行数学课外读书交流活动，为学生创设展示读书的机会和分享思考的平台，让学生把自己读到的精彩内容分享给其他同学听，与大家交流、共享。分享者有一种成功的喜悦，从问题的思考到智慧的展示，激发他更加喜爱数学阅读；聆听者也备受感染，并渐渐喜欢上数学阅读。读书交流不仅是数学思维的交流和展示，更是促进和提高，是一种有效的促进学生爱上数学阅读的途径。

一节数学阅读课给我带来的启示

前一段时间，我在全校上了一节数学阅读交流课《马小跳玩数学》(3)，在课堂上学生精彩的阅读感受打动着我。在精彩的发言中，王子萌的发言最具个性和特色，他站起来说："通过阅读《马小跳玩数学》(3)，我读到了一个用数学眼睛看世界的马小跳。"听了学生的发言，我从内心感动了，感动学生的大智慧，感动于阅读带给我们的思考，感动于收获数学阅读的快乐。

用数学眼睛看世界，是一种数学学习理念，能够让我们感受到数学与生活的密切联系；用数学眼睛看世界，是一种数学学习方法，能够引领我们用数学的眼光观察生活，感悟数学；用数学眼睛看世界，是一种心态，能够让我们感受数学学习的快乐，分享数学学习的快乐；用数学眼睛看世界，是一种思考，这种思考来自阅读后的收获，让我们感受数学学习的魅力。

总之，用数学眼睛看世界，让我们拥有了数学的慧眼，让数学更加贴近我们的生活，让数学更加有用。因为阅读，让学生感悟到了学习数学的真谛；因为阅读，让

学生的世界更精彩！

数学课上的阅读课程

阅读，带来的是成长的愉悦和心灵的感悟。阅读，不是语文的专利，作为数学教师，我更倡导学生在阅读中加深对数学的理解，提高学生的数学素养。

在首届“河南最具影响力教师课堂教学观摩研讨会”上，我执教了一节《魔力数学》导读课。《魔力数学》是由我编撰的一门校本课程，每篇文章都由内容短小精悍、富有数学思考的有趣故事呈现，每个故事都由故事分享、思考分析、拓展思路、答案提示和智慧提升几个板块组成。这节数学导读课，是在我校“营造书香校园　共享智慧人生”办学理念的指引下，借着《魔力数学》的三篇文章（《称面积》《帽子的颜色》《有趣的跳房子游戏》），激发学生的数学学习兴趣，让学生爱上数学，提升学生的数学素养。回想这节课的过程，更多的是学生带给我的教学灵感。

对于数学导读课，教学流程我早已烂熟于心。上课前的那天上午，我在学校进行了试教，很成功。课后，我习惯性地和部分学生进行了交谈：学生对这节导读课还是很满意的，我也觉得很高兴。当我打算结束交谈的时候，一个女孩儿说：“宋老师，我觉得数学阅读可以像语文阅读一样，采用批注、谈感受的形式进行阅读。”学生的想法让我产生了强烈的认同感，我说：“不错的建议！”另一个学生也提出：“如果把《帽子的颜色》这个推理活动做成游戏，这样就更有趣了。”孩子的一句话提醒了我。对呀！为什么不把这个单调的阅读文本改成游戏呈现呢？游戏更能引导学生积极思考，更能够带给学生无穷的乐趣。这样就能够激发学生强烈的阅读兴趣，全身心地投入到兴趣盎然的阅读中来。

分享着学生的建议，这也让我的思维回到了观摩课的课堂情境中：在课堂上，学生在积极思考的时候，一个同学突然问了一句：“能不能斜着走？”我本能的反应就是不能，但细思量，从规则（15个方格，每个方格你只能进一次，而且每个方格都要过，最后从15号方格出去）方面来说是符合的。感谢这个孩子的提醒，正是在他的提醒下，学生的思维一下子打开了……在学生独立思考后，我引导学生进行了小组交流。学生在展示自己思考的时候，我发现学生都有自己思考过程的记录。

看到学生这样进行展示自我的思考过程，真的很幸福。我为学生这样的思考感动，为学生这样记录思考的过程而自豪。我看到的不仅是学生的思考过程的呈现，更多的是学生已经有了自己研究问题的方法，能够自主进行研究了。

回想这次上课经历，我感受最大的是学生带给我的震撼和感动。我们在进行教育教学时，不妨多一些这样的课后访谈，真正让我们的教学深受孩子的喜爱，唤起学生学习的热情，真正让我们的教学更有利于学生的数学学习，构建适合学生的数学阅读课程。作为教师，我们应该关注学生的需求，学生真诚的建议能够拓宽教师教学的空间。

这就是学生们带给我的智慧，正是这样的思考，让我的教学更加贴近学生的需求和兴趣，更能有效地引领学生的发展。感谢我的学生们，他们给予我备课的智慧，让我在备课中收获快乐，收获成长的幸福，从而设计出适合学生的数学阅读课程，真正在阅读中提升学生的数学素养。

享受阅读　享受成长

阅读，让我们的内心变得富有和强大。学校是一个阅读的地方，是引领师生进行阅读的场所。分享阅读的快乐，感受阅读带给我们的幸福。作为第九届“书香班级”活动的专家评委，在此次评选活动中，以下是我感受最深的几点：

享受阅读带来的智慧。作为阅读者，我们是幸福的，因为阅读不断充实着自我，完善着自我。我是一名普通的小学数学教师，分享了学生的阅读思考和感受，见证了班级阅读活动的开展，真的为教师和学生的这份认真和执着而感动。看到这些丰富多彩的阅读活动，看到大家智慧地思考，我不断汲取成长的力量，不断完善自己的阅读活动，也不断完善我所带班级的数学阅读经验。

享受阅读带来的快乐。阅读是人生的存折，在每天一点一滴的阅读积累中，你会成为世界上最富有的人。阅读，让书籍真正成为我们的知心朋友，甚至是我们生命中的一部分。当我们每天用阅读来充实自我，就会享受着每一天的成长快乐。阅读着，快乐着，收获着，我们一路前行。

享受阅读带来的幸福。阅读的学生是幸福的，在阅读中不断进步，在阅读中不断成长。这样的阅读使学生终身受益，这样的阅读关注学生终身发展，引领学生的可持续发展。阅读的家庭是幸福的，让家庭充满书香，让家庭充满温馨。阅读的班级是幸福的，让班级多了一些宁静，少了一些喧嚣，让学生沉浸在书的世界里，感受阅读的力量，享受阅读的幸福。

一本书，就是一个世界；一本书，就是一生的财富；一本书，就是一个五彩缤纷的人生……徜徉书海，我们真切地感受到"书是人类发出的最美妙的声音"。让我们一起读起来，无论年龄大小，无论知识多少，读起来，更精彩，让我们一起在阅读中收获成长、收获智慧、收获快乐、收获幸福。

读写之间，智慧成长

转眼间，"书香班级"阅读活动已经开展了十届。回首十届大赛的历程，见证了无数书香学校、书香班级和个人的成长和进步，也为热爱阅读的学生、家长和老师搭建了一个展示、交流、互动、分享的平台。

本届"书香班级"活动以"全营养阅读·读写之间"为主题，鼓励我们将阅读中汲取的营养转化为写作、系统的思考、解决问题的能力，实现自我的成长。

我很荣幸又一次作为"书香班级"的专家评委，在阅读了学生的作品后，充分感受到了学生丰富的想象力和对数学知识综合运用的能力。数学，为他们打开了一扇窗，让他们看到了与众不同的风景；数学，为他们拓展了思路，让他们感受到数学的无穷魅力……当我们用数学的眼光看待生活，当我们用数学的头脑进行思考，就会有精彩的收获。感悟读写，让我有了如下的思考与收获：

读写之间，是一种思考。此次“全营养阅读·读写之间”的主题，聚焦在读写，通过进行探究性的数学阅读和自我总结，培养学生独立思考的数学习惯。当阅读和写作成为一种思考、成为一种习惯的时候，学生必将收获精彩的人生。

读写之间，是一种智慧。读写之间，让我们在学习、思考的过程中感受数学的独特价值。阅读促进了学生的写作，而写作需要在阅读过程的支撑。所以，在读写之间，充满智慧。

读写之间，是一种成长。阅读让我们有了思考，而写作让我们记录了学生思考的过程，写作也记录下了生活中的数学，记录了学生进步的点滴。当读写结合，就能有效促进学生智慧地成长，在阅读和写作中收获不一样的成长。

读写之间，是一种分享。当阅读和写作有效结合时，当博客充分发挥效能时，我们能够通过网络分享到数学阅读的快乐和数学写作的幸福。在阅读与写作中感悟数学的魅力，分享读写的快乐。

读写之间，是一种收获。在读写之间，我们不知不觉地收获着成长，收获着进步，收获着对数学的理解……正是这点点滴滴的收获，让我们在成长的道路上一路前行。

总之，读写之间，成就了一个与众不同的你，也让我们在阅读的大道上快乐成长，收获未来。

5．措施到位，引领学生爱上阅读

苏霍姆林斯基认为：“青少年精神空虚的重要原因之一，就是缺乏真正的阅读。”他们把“阅览室”叫作“思考之室”，力求让“思考之室”成为学生“丰富的精神生活的策源地”。

苏霍姆林斯基对阅读的重要性的认识，是我们很多人都意识不到的：“30多年的经验使我深信，学生的智力发展取决于良好的阅读能力。”“实践证明，如果阅读对学生成为通往知识世界的一个最重要的窗口，那就没有必要花费许多时间给学生补课了。”由于有了这样高度的认识，帕夫雷什学校的学生课外阅读便成了一种有组织性的、有丰富读物支持的、有充分时间保障的集体行为。

所以，对于数学阅读，我一直采取多种途径，努力做到措施到位，引领学生爱上阅读。

引领学生进行数学阅读就是给予他们未来

苏霍姆林斯基说过：“把每个学生都领进书籍的世界，培养其对书的酷爱，使书籍成为智力生活中的指路明灯。”作为教师，我们能让孩子享受阅读的乐趣，养成阅读的习惯，我们就为孩子创造了一个美丽的世界。我在开展数学阅读的过程中，更注重从以下方面进行。

一、阅读启动要稳

“很少有孩子会主动喜欢阅读，通常都必须有某个人引领他们进入书中奇妙的世界。”作为教师，我们每个人都应该成为这样的人，应该引领学生走进阅读，在阅读中享受这奇妙的世界。这让我想起了《朗读手册》一书上的一个故事：家长，你是否曾经强迫孩子做事——比如刷牙、整理房间，估计80%的家长都有过！那么又有多少家长强迫孩子去阅读呢？也许很多家长担心强迫孩子阅读，孩子会失去兴趣，讨厌阅读，最后索性不阅读。那么，家长强迫孩子刷牙、整理房间，他们长大后会停止做这些事情吗？当孩子没有阅读兴趣时，我们不能一味等待，从规定孩子阅读开始，引导孩子在书中找到阅读兴趣。

对于数学阅读，刚开始起步的时候，我采用的是鼓励的策略，先不提出具体的要求，只是讲阅读的重要性和推荐阅读的书目，通过阅读，让他们自己喜欢，进而开始主动阅读。作为起始阶段，我更注重学生对阅读的兴趣，而不是把数学阅读作为一种负担，作为一种作业，这样，阅读活动才能轻松，阅读话题才会更多，阅读交流才会更深入。教师先引领学生把阅读作为一件快乐的事情，唤醒了学生的阅读意识，学生才会更积极主动地投入数学阅读活动中去。

所以，每个学期开始，我都会采用给家长一封信的形式强调阅读的重要性，并推荐相关数学阅读书目进行数学阅读。

在这一年里，我先后给三（3）班的学生推荐了《马小跳玩数学》《贝贝妮奇奇卡的数学之旅》《数学城历险记》《小学生提高学习成绩的500个数学故事》《李毓佩数学学习故事》《数学动物园》《数学神探006》《数学智斗记》《开发思维的趣味游戏》等书籍，营造好的阅读氛围，真正让数学阅读在每个孩子心中扎根，在每个家长心中扎根，让家长和老师一起引领学生进行数学阅读，提高学生的数学综合素养。

二、阅读开展要实

数学阅读让数学不再枯燥，带着我们的思绪走进美妙的数学世界，一起品味数学学习的乐趣，一起欣赏数学的魅力。数学阅读是一项令人振奋的活动，它总能让奇迹发生。我们班的逸凡同学，每次课余时间，都在阅读李毓佩的数学课外读物，对于他而言，这是件快乐的事情。当学生真正喜欢上了阅读，学生就是真正地学会了学习，成了爱学习的天使。学习成绩的好坏和阅读有很大的关系，一个爱阅读的学生一定爱学习，一个善于阅读的学生一定善于学习，一个在阅读中分享快乐的学生一定能享受到学习带来的乐趣，希望我们三（3）班的每个学生都能像逸凡同学一样成为阅读天使，成为爱学习的天使！

在阅读的过程，我会邀请家长一起参与，一起阅读。学生体会到“遇到问题要思考”“数学每时每刻都在我们身边”“阅读让我们走进了有趣的数学世界”。家长体会到“学习数学要站在孩子的角度去考虑问题”“和马小跳一起探索数学的奥秘”“数学阅读是富有灵性的阅读”“数学阅读让孩子爱上数学”“在数学阅读中增长了见识”“数学还可以这样学”“生活中处处是教育”“重新拿起书本和孩子一起学习”“数学是鲜活的生活体验”“数学阅读还要用心思考”“学习好玩的数学”。

家长在开展亲子阅读中是这样引导孩子阅读的：“为了有计划地进行阅读，我和女儿约定：每晚临睡前读一篇。因为每篇的后面都有解题密码，女儿为了在解题前看不到答案，所以我们的阅读方式是我读她听，然后她把关键的词和数字记在纸上，进行解答。”（王楠家长语）“今天和孩子一起阅读，孩子看得很有兴趣，但是我发现，他只是对故事内容感兴趣，根本不愿意认真去思考答案，问他知道怎么解答不知道，他说得头头是道，但是我感觉不像是他自己想出来的，他眼睛不停地瞟答案分析，这怎么办？我索性把答案分析用白纸贴上，让他和我一起一句一句地读，一点一点地分析。”（刘逢家长语）我非常欣慰的是家长在亲子阅读中探索出适合自己孩子阅读的方法！

唤起了学生对数学的兴趣是家长所没有想到的，数学阅读在唤起学生兴趣的同时，促进了学生思维的发展，从而提高了学生的数学素养。读起来，才精彩！阅读带来的不仅是知识，更多的是思考问题的方式，只要我们坚持阅读，就能学到其中的方法。

把阅读落实在每一天，真正让阅读成为一种前进的动力，让阅读成为一种自觉行动，让每天的数学阅读成为常态阅读活动，只有这样，才能保证阅读活动的深入开展。

我先后举行班级数学阅读交流，读后感交流让学生爱上数学阅读，真正让阅读促进学生的持续发展。

我组织开展我们班的学生给作家写一封信的活动，还组织开展“讲数学故事比赛”“走近数学家”等形式多样的数学阅读活动，让每个学生投入阅读中，感受阅读的快乐。同时，我打算在下学期举行数学阅读书目展、换书会，建立家庭图书角等活动，真正让书籍成为生命的营养品、生活的必需品。

在开展阅读后，我还会及时将数学阅读开展情况进行梳理总结，让家长了解教师开展数学阅读活动的情况。

三、阅读视野要广

除了开展阅读批注、亲子阅读等形式，我们还与作者进行有效对话和交流，我校先后请来杨红樱等知名作家与师生进行沟通和交流。同时，我还积极鼓励学生阅读更为广泛的数学课外杂志，以及新出版的数学儿童读物，真正在阅读中开阔我们的视野。

四、阅读评价要宽

教师对于理解能力、阅读能力相对弱的学生，一定要有保底的要求；而对于阅读能力强的学生，阅读指导可以更细致一些，也可以采用多阅读的方式鼓励学生。

我最喜欢采用阅读奖励的方法，当学生取得进步，我会奖励学生数学课外读物。阅读了一段时间后，也许物质的奖励已经满足不了学生的需求，那就更多地采用评选数学阅读之星等精神奖励，让学生在数学阅读中收获阅读的快乐。

总之，数学阅读有一种魔力，悄悄地赋予学生不同的能量。我们应该真正在阅读中引领学生的成长，用更高的目标引领学生阅读，就能收获更多的阅读快乐。

作为教师，我们不是一直陪伴学生成长的，而是在某个阶段和学生一起成长。学生，你应该记住：读得越多，理解力就越好；理解力越好，你就越喜欢阅读；越喜欢阅读，你就读得越多。数学阅读有很多目的，最重要的是激发学生自行阅读的动机，用阅读进行数学思考的有效方式，发展学生的数学思维，提升学生的数学素养。

班级数学阅读的经验与思考

我一直致力于做一名数学阅读推广者，也积极在校讯通的平台上引领学生开展阅读活动。我的博客里，汇集着阅读活动的声音，留下了阅读活动不断前行的脚印。这个博客成了引领家长、学生进行数学阅读的“天途”；这个博客成了我和学生分享阅读感悟的阵地；这个博客成了我和读者分享思考的港湾。回顾一个学期班级的数学阅读情况，我收获更多的是来自集体阅读的魅力，感受着班级学生数学阅读的快乐。

一、班级成了数学阅读的启动站

书籍是人类宝贵的精神财富，是人类智慧的结晶，是人类进步的阶梯和人生路上的“航标灯”。我要让我的班级成为阅读的启动站，在这里启动孩子阅读活动的开展。所以，每个学期初或前一个学期末，我都会采用家长会的形式与家长沟通阅读的重要性，强调阅读带给孩子的成长和幸福。在阅读的班级里，孩子多的是一份宁静，多的是一份惬意。

二、班级成了数学阅读的加油站

生活里没有书籍，就好像天空中没有阳光；智慧里没有书籍，就好像鸟儿没有翅膀。作为数学阅读，更多的是给予学生智慧的分享，让班级成为学生阅读的加油站，不断汲取营养，不断在思考中丰盈自我的心灵。当个人的阅读思考与群体智慧进行交流、碰撞时，当学生在班级阅读中一起成长时，班级就真正成了数学阅读的加油站，促进了学生的深入阅读和交流。

三、班级成了数学阅读的分享站

我深知：只有热爱读书的教师，才能培养出热爱读书的学生，才能营造出热爱读书的氛围。我将读书视为自己生命的一部分，读书改变了我的课堂文化，在平等、对话、交流的氛围中与学生共同成长。做一个爱读书的教师，在读书中不断地充实自我，成为学生学习的榜样，与学生共同成长。

我在个人阅读的同时，积极开展班级阅读的分享，先后在班级开展“好书推介”活动，举行讲故事比赛，开展读书征文活动，在活动中深化数学阅读，真正让班级成为阅读的分享站。

四、班级成了数学阅读的展示站

我在班级举行读书交流会，提升阅读品位。通过交流和分享，读书成为一种学生最爱的班级活动。在我的班级里，无论是数学连环画，还是学生画出心中的数学画，或是学生写的阅读感受、数学小故事等，这些最真实的作品无不表达着小作者对阅读的深入理解，展示着学生独特的阅读体验。

五、班级成了数学阅读的推广站

我开展的班级数学阅读活动也影响到了学生的家庭，让家长发生了变化。“和孩子在一起读书是一件开心快乐的事情”，用这样的心态进行亲子阅读就能收获快乐和亲情。

苏霍姆林斯基有一笔“财富”：“我私人的图书馆里，在几间房子和走廊里，从地板直到天花板都摆上了书架……有成千上万册图书……我每天不读上几页，有时不读上几行，我是无法活下去的……”于是，我们班级成立了图书角，购置了适合学生阅读的数学书籍，同时倡导家长在家里建立家庭图书角，让阅读氛围更加浓厚，真正做到“阅读，与生命同行”。

数学阅读，让学生更有智慧；数学阅读，让我们感受到成长的愉悦和智慧的分享。让读书走进师生的生命历程，让读书成为师生的智慧之举，让我们在读书中一起成长，在阅读中享受成长的快乐和幸福。

“世界写在书中，每本书里都有一个奇妙的世界。只要打开一本书，再打开一本书，并养成了习惯，生活就改变了，世界也变了。”让我们一起起航，在班级阅读中成长、进步，一起分享数学阅读的快乐，一起感受数学阅读的魅力。

阅读，从我做起

自我执教三（3）班数学以来，总想在上学期的基础上，将数学博客建成一个与家长沟通、培训家长、记录学生成长的平台，但一个月的时间过去了，我有些失望。每次让家长阅读的内容，总是很少有人阅读；每次让家长帮助完成的学生作业，家长也是支持率很低。对比上学年家长的举动，简直是极大的反差，我郁闷至极。

一个优秀的学生背后应该是一个或两个优秀的家长，但今年我们三（3）班的学生教育却是老师在孤军奋战，其实，我们班级的学生可以更优秀，但影响学生优秀的原因是家长的不理解、不支持。我有些抱怨家长，但冷静思考后，开始改变自我。家长支持，我很欢迎；家长不支持，我自己努力。我不再抱怨家长的不配合，不再因学生家庭阅读的基础不好而烦恼，因为我坚信：作为教师，我能够做得更好。

本学期，我指导学生们选择了数学阅读的书籍——《魔力数学》（Ⅲ）。我引导学生从书中读出智慧，从书中找到自己，不但读，还要讲，用自己的声音、肢体演绎出对《魔力数学》（Ⅲ）的理解。

以后，还会开展亲子阅读，我不会因为家长的不参与而中断，我将一如既往地将数学课外阅读深入开展下去，引领学生从数学阅读中汲取营养，提高学生的数学素养，这将是学生终身受益的，也是我所期盼的。

将数学阅读进行到底

上学期期末，在家长会上，我给家长提出与孩子一起阅读《马小跳玩数学》，看到家长面有难色，在班级博客里，看到家长的读后感不是很多，我心里有些担忧，因为我更希望家长给孩子做出榜样。开学已经三个星期了，我一直忙碌着其他事情，周五的时候，我想我不能再等待，必须把博客的内容梳理分类，否则，真的对不起我的学生。于是，我利用周六、周日两天时间，推掉所有的事情，认真整理博客的内容。当我静下心来梳理博客的内容时，我被感动了，有20多位家长都把读后感发到了博客里。靳文的妈妈说："读了这本书后，我深有感触。我不知道数学还能这样学，真是太奇妙了。学数学不再是学枯燥的数字了，而是在游戏中、欢乐中学习。”陈贤的爸爸感慨道：“如果我们没有比孩子做得更好，那么至少应该和他们一起成长，一起阅读。”吕凡的妈妈说：“读书不仅增长了知识，开拓了思路，还增加了我和儿子的交流时间，增进了我们之间的感情。感谢宋老师的这一提议，很不错哦，一举三得。”王臻的妈妈写道：“带着童心和童趣去读这本书，真如前言所述：跟着马小跳，轻轻松松、快快乐乐玩数学，玩中学、学中玩，不知不觉你会惊喜地发现，你已经爱上这本书了，已经离不开这本书了。”

学生也在读后感中写出自己真实的感受。孟隆说：“我不是个特爱读书的人，可读马小跳这本书让我感觉很有意思……我也要像马小跳一样勤动脑子，多思考，用数学的眼光看生活中的问题，多提高数学能力。”王志在读后感中说：“我喜欢这本书里的内容，看着这本书里的内容，你就会觉得你也变成了文中的一位小孩子，在与马小跳他们几个小伙伴玩耍，我觉得现在我们要好好珍惜快乐的童年，不要把快乐的童年白白浪费掉了。”“我自己的成绩不太好，今后一定好好学习，向成绩好的同学学习，努力考个好成绩。”张阳写道。

看到家长和学生的留言，我为这样的家长和学生而高兴，我将在家长和学生的激励下，把数学课外阅读做好。

在数学阅读中收获幸福

回顾在建立阅读分享博客的过程中，我最大的感触就是——在新课程中与学生共同成长，做一名有思想的教师。

一、在和学生、家长一起阅读中收获幸福

自我担任四（4）班的数学教师以来，一直倡导创设阅读的班级文化氛围，我始终认为：生活里没有书籍，就好像天空中没有阳光；智慧里没有书籍，就好像鸟儿没有翅膀。于是，我积极给学生推荐了《马小跳玩数学》《贝贝妮奇奇卡的数学之旅》《数学城历险记》《小学生提高学习成绩的500个数学故事》《数学动物园》

《数学神探006》《数学智斗记》《开发思维的趣味游戏》等书籍，给家长推荐了《马小跳玩数学》，还推荐了《哈佛家训》等书籍，真正让读书成为一种需要、一种乐趣，让读书成为人生的一个重要组成部分。

二、在记录成长的过程中与孩子、家长一起收获幸福

班级博客上面除了发表学生和家长的博文，我还积极撰写自己教育视野下的班级数学教学和活动内容，如《家长请不要伤了孩子的心》《在交往中感悟学生的爱》《好玩的数学课堂》《习惯决定命运——新学期致四四班家长的一封信》《期末我一定会超越自我的》《请学生当小老师讲一讲》等，正是这些博文的书写让我和学生一起养成了书写的习惯。写博文是在一种无意识的状态下留下自己的心灵轨迹，正是这些真实的记录，让我感动着学生数学学习的探索精神。

和学生一起阅读，真的很高兴，是肯定，也是鼓励，更是前行的动力。让我和学生在阅读中不断超越自我，不断成长。

孩子在阅读中长大了

今天，我给一、二年级上数学阅读课。我给学生读《马小跳玩数学》中的故事，在课上，学生认真地听着、思考着，我们都沉浸在阅读的幸福中。

在二年级阅读课后，二（1）班的学生王绍走到我跟前说：“宋老师，您给我们读故事，太辛苦了！我也想读数学故事给您听，您愿意吗？”孩子给我读了一个故事，他读得有声有色，我真的很感动孩子对数学阅读的喜爱！在和孩子交流后，我决定下节课就让王绍将这个故事分享给大家。

在一（1）班上课的时候，我给孩子读了一个又一个的故事，当我读到一个数学故事的时候，孩子和我一起读了起来。分享着师生一起阅读的快乐，分享着孩子稚嫩的童声，我完全陶醉了，整颗心都沉浸在和孩子一起阅读的快乐中。

忽然，我明白了，孩子在阅读中长大了。阅读，让孩子学会了理解；阅读，让孩

子学会了分享。"每天让孩子听到老师读书的声音"，每天让静静的阅读成为习惯，真正在阅读中促进孩子的成长，真正在阅读中分享更多的故事。我想，这就是阅读的快乐和幸福！

我和孩子一起分享着阅读的故事，分享着阅读的快乐。让我们在静静的阅读中分享着孩子的成长，在静静的阅读中记录着孩子成长的足迹，在静静的阅读中收获了孩子读书的快乐。

读起来，更精彩！

数学绘本是具有思考魅力的图画书

数学绘本用简练生动的语言和精致优美的图画创造出美妙的故事情节，引导学生通过阅读进行智慧思考。数学绘本采用图文并茂的形式，"图""文"一体，互识互释，不但符合儿童的形象思维特点，而且极易引起学生的阅读兴趣，深受学生的喜爱。

好的数学绘本不仅仅在讲述一个故事，同时也是在帮助学生提升观察力，发展思维能力，丰富他们的想象力，提升他们的数学素养。在数学绘本的教学过程中，教师要重视学生读图能力与思维能力的培养，可以选择最富想象、最动人的图画引导学生细细地观赏图画中的形象、细节等，感受画面所流露的情感和智慧，遐想图画以外的世界，在缜密的推理和思考中，不断提升学生的思维品质。

数学绘本将学生带入一个图文并茂的阅读空间，通过阅读、分享和思考，真正提升他们的思考能力。数学绘本作为一种图文结合的书籍，是最适合孩子阅读的。作为教师，我们充分认识其优势后，要发挥其功效，引领学生在阅读中感受童趣、分享思考的快乐，从而带领学生走上智慧阅读之路。

"好的数学绘本的价值和魅力在于：它没有一句教条，却能满足孩子的成长需要；没有一丝说理，却能启发孩子的深入思考；没有一点儿喧闹，却能激起孩子的会心大笑。”数学绘本能够激起学生思维的火花，在阅读中收获数学思考的快乐。

享受阅读　分享智慧

最早知道《让孩子踏上阅读快车道》这本书是在一次教研活动中，当王老师推介这本书的时候，我特别感兴趣。于是，就买了此书，开始静心阅读。

作为一名数学教师，阅读《让孩子踏上阅读快车道》这本书让人很费解，好像是“不务正业”，但我认为阅读之道是相通的，为了我们班能够开展丰富多彩的阅读活动，我认真地阅读着、思考着，开始尝试探索我的数学阅读之路。在《让孩子踏上阅读快车道》这本书中，韩兴娥老师以具体的事例展示着阅读的魅力，让“鱼和熊掌兼得”，真正在阅读中提升了学生的素养。下面就我在阅读过程中感受最深之处与大家一起分享。

一、营造阅读环境，激发学生阅读兴趣

韩兴娥老师是这样营造阅读环境的：在韩老师的班里，不仅有吸引家长的“亲子共读”、无人管理的班级图书超市、富有爱心的捐赠图书、丰富的图书室藏书，还有玩伴变书友等丰富多彩的活动。看着韩老师营造的阅读环境，我明白了为什么“同一个符号世界，在小孩子眼中是明亮的、美丽的、新鲜的，而在大人那里却是遥远的、模糊的……”正是营造了有趣的阅读环境，才让孩子爱上阅读、乐于阅读。这也让我回想起我们班的数学课外阅读开展情况：当时，我们班刚刚启动数学课外阅读，为了营造浓厚的阅读氛围，我们班举行了数学阅读书目展览会，引领学生在交流展示中走进阅读的世界；在每天作业中，我坚持落实阅读一个数学小故事，在坚持中引导学生养成阅读的习惯，正是这样落实在每一天，学生才会逐步养成读书的好习惯。

“家庭在指导读书方面的作用就是要使孩子养成读书的习惯，而孩子们的特点是愿意彻头彻尾完全按照父母的样子去做。所以，孩子就是父母的镜子，培养孩子读书习惯的最佳方法就是家长每天在孩子面前读书30分钟。”在我的班里，我采用了致家长的一封信的形式倡导家长和孩子一起阅读《马小跳玩数学》(3)，一起分享阅读的感受，一起交流阅读的收获；我还倡导家长在家里给孩子建立家庭图书角，让孩子在茶余饭后能够看到自己喜欢的书。

无论是在学校还是在家里，我都努力给学生营造一个适合阅读的环境，让学生感受到阅读的重要，激发学生阅读的兴趣，让学生从此爱上阅读。

二、行动大于理念，提升学生阅读认识

阅读的重要性在大家的心里是毋庸置疑的，但真正落实起来，却因为种种原因而大打折扣，我们需要像韩老师那样脚踏实地地开展阅读活动，在阅读中提高学生的素养。

我一直努力地做着阅读推广，不断影响着身边的教师，不断探索数学阅读之道。对于数学阅读，教育教学资源的缺失是深入开展阅读的一个瓶颈，于是，我抽出时间在不断阅读、实践、思考的基础上编写了数学阅读教材——《魔力数学》，为数学活动的深入开展提供了有力保障。

在我的班里，学生真的很喜欢数学阅读，数学阅读为学生热爱数学搭建了一个平台。在这个平台上，学生发自内心地喜欢数学，被数学的神奇魔力所折服。我先后在班级开展了数学阅读分享交流会、数学故事创编连环画、数学阅读书目展览会、数学阅读书籍交换会、数学亲子阅读、数学故事续写等丰富多彩的数学阅读创意活动，这些阅读活动深受学生的喜爱，这些数学阅读活动让学生在展示自我的过程中感受阅读的快乐，分享阅读的乐趣。

对于数学阅读，“读才是硬道理”，我们需要不断地做，在做中不断思考。行动大于理念，只有做起来，才能品味到阅读带给您和学生的快乐，才能感受到数学阅读的魅力，才能有效地提升学生对阅读的认识。

三、进行多元评价，引领学生投入阅读

真的很喜欢这本书中所描述的“海量阅读”“鲸吞牛食”。如何充分发挥评价的作用，促进学生阅读的持续开展，我一直思考着。韩老师做了阅读星级评价、花样繁多的小奖状……正是这种多元的评价，让学生在不断的阅读中成长。

我没有韩老师那么丰富的做法。我的做法很简单，就是给予一天阅读表现好的学生一个温馨微笑的奖励，给予一周阅读表现好的学生一些掌声，授予一个月阅读表现好的学生“阅读之星”，并进行隆重的颁奖，有颁奖词，还有来自家长的奖励。这样的评价更多关注的是学生常态的阅读体验，于是，我们班里有了爱阅读的张一凡、嗜书如命的王子萌、在阅读中爱思考的刘琪逢……这些学生的成长都是来自阅读。

多元的评价来自教师对学生阅读的感受，多元的评价也让学生爱上阅读。当我们引领学生在数学的百花园里一起醉心地阅读时，我们分享到更多的是成长的快乐和愉悦。

总之，我阅读着，收获着，探索着，快乐着。让我们真正引领学生踏上数学阅读的快车道，一起分享数学阅读带来的快乐。

阅读传递着无限的正能量

作为数学阅读专家评委，我参加了书香班级颁奖和学校阅读实践与经验研讨会，我被深深地震撼了，为这样一道丰盛的精神大餐而感到幸福。在此次活动中，有学生朗诵，有颁奖活动，有专家报告，有学校阅读成果展示，有阅读课展示，还有专家点评，真是阅读的一次盛会。

一、阅读，不是一件复杂的事情

阅读，本身就是带着思考进行的，阅读的过程就是一次对话的过程，一次交流的过程，一次分享的过程。阅读，可以大声朗读，也可以静静地看，在思考中阅读，在阅读中思考。

在今天的研讨中，刘肖主编从自身创作诗歌和阅读的切身体会谈道：诗就是读。薛瑞萍老师谈到给学生适合的阅读材料，在诵读中加深理解和感受。王林博士谈及对阅读的理解时也是让学生多读一读。

如果站在学生的角度去阅读、去思考，我们就会觉得阅读原来如此简单。当我们简单地教，引领学生智慧地阅读，学生就能在阅读中收获幸福的童年。

二、阅读，不是一件痛苦的事情

王林博士讲了一个故事：一个从事卡通设计的同事，几十年如一日地设计卡通，别人说："对于卡通设计，你坚持了这么多年！"而这位同事却回答道："为什么是坚持？我这样做很快乐，不要这么悲壮！"想想也是，对于阅读，我们需要这么悲壮吗？我们把阅读作为快乐的事情去做，这样才能做得有滋有味。

三、阅读，不是一件功利的事情

对于阅读，我们赋予了太多的功利目的。我们渴望孩子在阅读后能写出好文章，我们希望学生在阅读后能收获好成绩，我们希望学生在阅读后能进步很大……正是在这些功利目的的背后，让我们做着累并痛苦的阅读。阅读要课程化，落实在常态的教学中，持之以恒地做，真正通过阅读促进学生的发展。让我们少一些功利的目的，真正尊重学生的选择，尊重学生的阅读感受，在不断阅读、思考中丰盈学生的心灵。

让我们在阅读中汲取营养，在阅读中不断引领学生成长，在阅读中还原阅读的本色，引领孩子做最好的自己。阅读传递着无限的正能量，阅读丰盈着师生的心灵，让我们一起阅读，一起分享，一起幸福地行走在阅读的大道上。

读用结合，促进阅读走向深入

叶圣陶先生曾经提出，阅读是写作的"根"，是"基础"。不可否认，语言材料的积累是学生语言创造力迸发的必要土壤，阅读是学生提高写作能力的必由之路。

对于数学课外阅读，亦是如此。学生在广泛阅读的基础上，就会逐步用数学的眼光观察生活，用数学的思维解决生活中的实际问题，记录下来，便形成了下面一篇篇用数学解决生活中问题的故事。

故事一：荡秋千中的数学

今天，妈妈带我和我的好朋友天天去丰乐葵园游玩。

我们玩了许多游戏项目，其中最喜欢的就是荡秋千了。两个秋千一样高，我和天天一人玩一个。因为天天比我小不太会荡，所以他荡得又低又慢；因为我以前荡过秋千，所以我荡得又高又快。我们玩得很高兴。这时，妈妈说："你们两个来一次荡秋千比赛吧，这次不比谁最高最快，只看荡一个来回谁花费的时间最短。"我们同时回答说："好！"我把手表给了妈妈，让妈妈计时。妈妈说："预备——开始！"我们同时荡起秋千，天天还是荡得又低又慢，而我仍是又高又快，我心想一定是我赢。这时妈妈说比赛结束，宣布："我数了一下，天天荡了3个来回花费的时间是12秒，平均一个来回用了12÷3=4（秒），雨辰荡了3个来回花费的时间也是12秒，平均一个来回也是4秒，花费的时间是一样的，所以你们都是冠军。"我和天天都感到奇怪，可是妈妈却笑着说："如果不相信，我和天天比一比，雨辰你来计时吧！"我带着怀疑的神情说："好，让我来测测，究竟是怎么回事儿？"

妈妈和天天坐在秋千上，腿支着地准备着。"预备——开始！"我大声喊道，妈妈和天天同时荡起来，妈妈还是比天天荡得高且快。我紧盯着他们两个并看着手上的手表，惊奇地发现，妈妈荡一个来回花费的时间和天天的一样。比赛结束了，妈妈笑着问我："谁赢了？"我不好意思地说："妈妈没有骗我，秋千荡一个来回花费的时间是相同的，所以妈妈和天天都是冠军。原来只要两个秋千长度一样，他们回到原位所需的时间就是相同的，对吧，妈妈？"

“是的孩子！秋千就是一个简单的钟摆，钟摆完成一个来回运动所花费的时间叫周期。钟摆的周期只受它本身长度的影响，而不受运动速度及运动幅度的影响。所以，不管是大幅荡秋千还是轻轻荡秋千，只要两个秋千吊绳的长度是一样的，它们回到原位所需的时间就是相同的。你们明白了吧？”“明白了！”我和天天笑着回答！

通过今天的游玩，我发现了荡秋千中藏着的数学奥秘。

点评：

荡秋千中不但有科学问题，而且有数学问题，小作者收获到的不仅是数学知识，而且收获到数学学习过程中的体会和经验，从而感受数学的价值和魅力。

（金水区实验小学智慧花数学社团　汪雨辰）

故事二：婚礼餐桌上的数学

今天是周六，是我表哥结婚的大喜日子。

走进饭店，我数了数有35张桌子，每张桌子可以坐10个人，共坐10×35=350（人）。每张桌子上的菜价是800元，共800×35=28000（元）。每张桌子上有2瓶酒，共35×2=70（瓶），每瓶酒共78元，共78×70=5460（元）。每张桌子上有2瓶饮料，35×2=70（瓶），每瓶5元，一共5×70=350（元）。每张桌子上还有2盒香烟，一共35×2=70（盒），香烟每盒9元8角，一共9.8×70=686（元）。一桌一共：800+78×2+5×2+9.8×2=800+156+10+19.6=985.6（元），35桌一共：985.6×35=34496（元）。

看来，我们应该节俭一些。

点评：

一次婚礼的花费，让小作者有这么多的感触，通过一系列的计算，让我们感受到数字带给我们的震撼，让我们感受到节俭的重要性！

（金水区实验小学智慧花数学社团　王真臻）

故事三：凉皮店中的数学

我家门前开了一个凉皮店，店里的生意很红火，每天啤酒、饮料空瓶就一件一件往我家院子搬，因为我家的院子很大。

我数了数，每件24瓶，今天一共卖了8件啤酒，一共是$24\times8=192$（瓶），还有可口可乐10件、雪碧9件，两种饮料都是每件24瓶，一共$24\times10+24\times9=456$（瓶），再加上192瓶啤酒就是：$192+456=648$（瓶）。

我说得没错吧，小店的生意真的很红火。

点评：

小作者用自己独特的眼光观察了凉皮店的生意红火，仅仅从啤酒、饮料的销售一个侧面就反映出生意的火爆，充分体现了数学在生活实际的应用，体现了数学独特的价值。

（金水区实验小学智慧花数学社团　宋伟曼）

故事四：照了多少张照片

今天，我要和爸爸、妈妈、妹妹、哥哥、姐姐、表哥，还有好朋友昕昕一起去爬风景优美的“葫芦坡”。

爬到坡顶时，美丽的风景把大家迷住了，我们都争着要照相留念。爸爸、妈妈对照相没兴趣，所以当起了摄影师。

正当大家都争着要先照自己时，我说：“我们需要先知道一共要照多少张照片，免得以后因为谁多照了或谁少照了发生争执。”

“冠华说得有道理。”昕昕说，“就由你来分析一下，一共要照多少张照片吧。”昕昕对我点了点头。我说：“没问题，我们先每人单独照一张，再两人照一张，最后再来一张大合影，好吗？”“OK！”大家异口同声地说。“现在，我们每人代表一个字母。”我对大家说，“昕昕是A，妹妹是B，我是C，哥哥是D，姐姐是E，表哥是F。”

然后，我拿出随身携带的笔和本写起来，大家认真地看着：昕=A　妹=B　我=C　哥=D　姐=E　表哥=F

A、B、C、D、E、F、AB、AC、AD、AE、AF、BC、BE、BD、BF、CD、CE、CF、DE、DF、EF、ABCDEF，一共要照22张。

现在开始照相！

点评：

一次旅游过程中的拍照留影，让我们看到了孩子用数学解决生活中的实际问题，在计算中感受数学的实际价值，让数学在应用中得到提升。

（金水区实验小学智慧花数学社团　牛冠华）

在用数学的眼光观察生活的时候，学生记录下了自己独特的思考，在这个过程中，我感受到了阅读的力量。数学阅读给予了孩子一双慧眼，引导学生感悟数学、思考数学，收获数学阅读的幸福。

6. 评价促进深入，在不断完善中深化阅读

数学阅读评价就是指根据一定的评价标准，采取各种定性、定量的评价方法，对数学阅读的效果做出判断并寻求改进其途径的一种活动。在评价的过程中，我们要注重强调评价的改进与激励功能，避免过分关注对结果的评价，而忽视了对数学课外阅读过程的评价。

对于数学阅读评价，我始终认为只有通过评价反馈，才能不断地发现数学课外阅读中存在的问题，学生的阅读才能有所获、有所得。在这个评价过程中，我注重引导家长参与其中，家长在评价的过程中，也要摆正自己的位置，支持数学阅读的实施，督促、检查孩子的数学阅读开展情况。同时，我也会采用学生自

评、小组互评和教师评价有机结合的方式，真正使数学阅读在不断完善中走向有效。另外，我会将过程性评价和终结性评价有机结合，促进学生在数学阅读评价中提升阅读的质量。

数学阅读，我这样评价

对于数学课外阅读，我一直倡导进行过程性评价，在评价前先和学生一起交流讨论评价的要点，认同后按照要点进行评价。

此次，我和学生一起讨论的数学阅读评价的要点是：

1. 每天30分钟的阅读时间。

2. 根据数学故事中的文字、图表或插图清楚地理解数学故事的内容，能够将自己的数学思考用连贯的语言进行表达。

3. 在数学课外阅读后，能够将数学故事和数学思考精彩地“说出来”，清晰地进行阐述和介绍。

4. 将必读书目进行深入阅读，选读书目至少阅读两本以上。

5. 必读书目要有批注，批注有自己的思考，注重批注不同的解题思路、解决问题的不同过程。

在评价的过程中，我会积极邀请全体学生、家长一起参加反馈评价活动。

在大家进行评价的基础上，评选出这一学期的“阅读之星”，每学期为这些学生颁发“阅读之星”奖状和奖品。通过“阅读之星”评价结果的恰当运用，激发学生的数学阅读兴趣，培养学生的数学课外阅读习惯，提高学生的数学阅读能力，引导学生真正在阅读的过程中爱上阅读。

在记录过程中收获智慧人生

我校一直致力于书香校园的建设，通过开展丰富的阅读活动，着重培养孩子良好的阅读习惯和终身阅读的习惯，提升学生的阅读能力。我校围绕“营造书香校园　共享智慧人生”的办学理念，营造师生共读的良好阅读氛围。

在我所任教的班级里，数学课外阅读在评价时，遵循以下几个原则：

差异性原则。学生由于家庭背景、文化环境、认识水平、性格和思维方式的差异，所以在进行数学课外阅读的过程中，我不会按照同一标准进行衡量，会根据学生的差异，采取不同的评价标准，最大限度地发挥学生的潜能，积极引导学生在阅读中智慧成长。

多元评价原则。我非常注重评价主体多元化，在进行数学阅读评价时，将教师的评价、学生的自我评价与学生之间的相互评价相结合，同时，还引导学生家长积极参与到评价活动中，不断用评价引领学生持续地开展阅读。实行多元评价，使学生获得成功体验是学生阅读兴趣持久的“稳定剂”。

过程性原则。对于数学阅读，我更注重过程的评价，因为对于阅读而言，它是一个“阅读于现在，得益于未来”的过程，通过数学课外阅读的开展，促进学生在数学阅读的过程中收获未来。

激励性原则。数学阅读的评价关注学生的发展，针对学生的发展，引领、激励学生在阅读中不断完善自我，促进学生在阅读中积极思考，丰富自己的智慧。

为促进阅读深入开展，我校为每个学生定制了《阅读存折》。《阅读存折》的功效更多的是记录学生常态阅读的过程，让学生成为一个“爱读书、会读书、读好书”的学生。养成经常与同学、家人分享好书，享受读书的乐趣。在“存折”上，我们通过阅读必读书目和选读书目，真正引领学生在阅读中有收获和思考。必读的书目由老师负责填写或盖小印章，选读的书目需要家长和同学签字认定。

《阅读存折》为每学年一本，主要记录本学年所阅读的书籍的信息概要。阅读到一定层级后可以在阅读地图上得到一枚小印章。阅读地图分为四个层级的印章：依次分别为星星奖章（5—14本）、月亮奖章（15—29本）、太阳奖章（30—49

本）和宇宙奖章（50本以上）。当学生获得了太阳奖章后有资格参评班级“阅读之星”，获得宇宙奖章之后可以被评为学校“阅读大王”。正是这些有趣儿的《阅读存折》，让学生喜欢上阅读。在《阅读存折》的最后，是分低、中、高年级推荐给学生阅读的书目。

对于数学课外阅读，我也积极借鉴《阅读存折》的存储方式，真实记录孩子阅读的过程。

我这样引领学生静心阅读

在数学阅读中，有极少数学生在课堂上并不认真阅读。面对这样的学生，作为教师的我很纠结，如何调动这些极少数学生阅读的兴趣呢？我进行了大胆尝试，现将自己的一些想法和做法与大家一起分享。

策略一：单独朗读，学会反思

在学生安静阅读的时候，我请一位不认真阅读的学生在教室后面小声给我朗读。这种惩戒，学生自然会感到不好意思，在朗读一段后，我会让学生回到座位上安静地阅读。

这样做，让学生在对老师单独阅读中感受到老师对他的关注，同时也提醒他如何做得更好，让学生在反思中学会改正自己的不足，在反思中规范自己的行为，真正让学生健康成长。在不伤害学生自尊心的基础上不断让他完善自我，提高自我教育能力。

策略二：谈心聊天，找准原因

针对极少数学生不认真阅读，我主动找到这些学生谈心，了解他们的真实想法，经过耐心劝说，学生会主动改变的。

策略三：故事复述，找到差距

对于没有认真阅读的学生，我会在阅读课上进行数学故事的复述，在不同故事的复述中，能让没有认真阅读的学生感受到“压力”，赶快阅读。这样，虽然给这些没有认真阅读的学生带来了一定的压力，但也提醒他们只有投入阅读之中，才能感受数学故事带给他们的精彩，只有认真阅读了，才能收获阅读的快乐和幸福。

策略四：类推迁移，解决问题

在数学阅读中，学生通过阅读故事，收获到的是数学问题的解决策略，感悟的是数学思想。所以，我针对学生阅读内容，会出示一些具有情境性的题目，引导学生进行迁移解答，在解决问题的过程中提升、丰富数学阅读的收获，引导学生静心阅读。

其实，在学生进行数学阅读的过程中，对于没有静心阅读的极少数孩子，需要教师多一些宽容，多一些等待，多一些理解，慢慢引导学生静心阅读，使学生爱上阅读。

三、数学阅读设计

阅读是一个人进行终身学习的重要手段，阅读能力会对一个人终身的可持续发展产生重要影响，是未来社会一个人必须具备的能力，是未来生活所需的一种技能，并为终身学习奠定良好基础。所以，在核心素养时代，必须把培养学生的“阅读素养”放在重要的位置。数学学科也不例外。数学的学习不能离开阅读，数学学科必须培养学生运用阅读技巧解决问题，拓展学生的学习能力与学习领域，培养学生阅读数学文本的能力，为他们终身发展奠定基础。

如何使数学阅读走向有效，如何通过有效的教学设计提高数学阅读的效益，是值得思考和研究的问题。数学阅读课堂教学设计从阅读的心理过程看，学生在开始阅读前，需要进入一种阅读的准备状态，包括输入、内化和输出三大部分。教师需要设置相关的任务，指导学生运用预测、略读、分析、推断等方法来理解阅读文本，使学生能够通过完成数学阅读，提高分析、理解能力，促进思维的发展。

教师的教学设计在关注教学目标的同时，要关注有利于引发学生的观察、思考、探究，有利于启迪学生的智慧。因此，我认为在进行教学设计时应从以下几点入手。

1. 教学设计的目标：课堂教学是实现教育目的、提高学生素质的最基本的途径，有效地设计教学是教学成功的基础条件。“直觉不是有效课堂表现的关键，实际上，收放自如的优秀表现是经过周密计划的。”课堂教学中，教师普遍认为学生思维更活跃了。

2. 教学设计的内容：教学设计是指教育实践工作者以各种学习和教学理论为基础，依据教学对象的特点和自己的教学理念、风格，运用系统的观点和方法，遵循教学过程的基本规律，对教学活动进行的系统规划、安排与决策。

3. 教学设计的环节：教学环节要环环相扣，在课外阅读教学中，追寻本质，通过阅读将数学学得通透，有高位的思考。在数学课外阅读中，放慢脚步，把教学过程拉长，在不断阅读的过程中关注数学本质，整体把握数学内容，数学才会更简单。

下面是我执教的数学阅读的部分教学设计，这些教学设计虽然较为粗糙，但真实地记录了我开展数学阅读的历程。

《马小跳玩数学》（4）导读课教学设计

学科：小学数学

适合年级：4年级

课型：导读

一、作品分析

《马小跳玩数学》共6册，分别适合1至6年级的小学生进行阅读，这6册书中的每篇文章都是以短小、精悍、有趣的故事和富有数学思考的形式呈现，和马小跳一起去发现生活中的数学，感受数学学习的乐趣，引导学生在“玩”中学，学中“玩”。《马小跳玩数学》（4）比较适合四年级学生进行阅读，可以开阔学生的视野，引导学生了解更多数学与生活的联系，并从此爱上数学。

二、学生分析

本班同学数学学习兴趣很高，很爱读书，很乐意从故事中感受数学的魅力，因此积极开展数学阅读活动，更能激发学生对数学的热爱。引导他们去读一些拓展思维的数学书籍，是数学教师的责任和义务。

三、设计理念

本节课为数学导读课，旨在借着《马小跳玩数学》（4）中的两篇文章（《谁能先打乒乓球》和《还有1元钱呢》），激发学生对数学阅读的喜爱，让学生了解到数学不只是枯燥的数字，不只是亘古不变的数学公式，和马小跳一起走进美妙的数学王国。

四、教学目标

1．通过《马小跳玩数学》（4）的导读，激发学生的阅读兴趣，让学生感受数学的乐趣，并对数学课外读物产生强烈的喜爱。

2．通过数学导读，激发学生对数学原理的探索热情，探寻数学故事背后存在的规律和本质。

3．通过交流提高学生阅读的兴趣，培养学生“读思结合”的阅读习惯，在积极的思考中学会解决问题。

五、教学过程

1．激趣导入

同学们，你们知道吗？我为什么总喜欢给大家讲一些关于数学的故事吗？你们知道这些故事来自哪里吗？其实，《马小跳玩数学》（4）（出示数学阅读书）就是一本很适合我们阅读的书，老师讲的一些故事就来自这里。让我们一起来听听今天的数学故事。

【设计意图：从常态课的数学故事入手，激发学生的阅读兴趣，激起他们强烈的阅读欲望。】

2．阅读分享

（1）故事启智

这两天，老师怎么也想不明白一个问题，这个问题是（课件呈现）：

3个人住旅店，每人10元钱，老板收了25元，让服务员退给这3个人5元，服务员私藏2元，返给每个人1元钱。这3个人每人出了10元钱，现在又得到1元钱，3乘9得27元钱，再加上服务员私藏的2元钱才29元，还有1元钱到哪儿去了呢？

（学生进行自主阅读）

同学们，你们能帮老师解决这个问题吗？那请你们来试一试。

【设计意图：用故事激发学生的阅读兴趣，引导学生进行积极思考，在思考中感受数学的价值。】

（学生汇报）

教师小结：小故事，大道理，现在你也能揭示其中的奥秘！这就是阅读带给我们的快乐。

（2）游戏启智

在马小跳的学校，体育老师刚教大家打乒乓球，一下课，同学们就往乒乓室跑，于是，秦老师就给大家出了一个好主意（课件呈现）：两人轮流报数，每次每人限报一个或两个数，但是不能不报，谁最后报到30谁就先去玩，输的就只能排在后面。

刚开始，马小跳常常排在后面，吃了很多亏，但后来屡屡得手，总是能先玩。这是为什么呢？同桌两人可以进行这样的游戏，并把你的发现在4人小组内进行交流。

【设计意图：先进行自主尝试，在尝试的基础上进行思考和交流，更有利于学生把握故事背后的规律。】

3. 阅读揭秘

你知道为什么马小跳屡屡得手，总是能先玩吗？你们想知道为什么吗？请打开《马小跳玩数学》（4）第20页《谁能先打乒乓球》，阅读后，你就会知道其中的奥秘！

现在，大家明白马小跳能先打乒乓球的原因了吗？

（让学生尝试说出其中的道理）

【设计意图：通过阅读，揭示其中的奥秘，在阅读中感受，在阅读中完善，

在阅读中提升，真正在阅读中收获规律和本质。】

4. 拓展引导

通过阅读《马小跳玩数学》（4）中的两个故事《谁能先打乒乓球》和《还有1元钱呢》，我们获得了数学学习的快乐。其实《马小跳玩数学》（4）这本书中还有很多有趣的数学故事呢，等着同学们去阅读，去细细品味。

《马小跳玩数学》（4）共有100个小故事，让马小跳带着你一起去发现生活中的数学，去发现数学中的真、善、美，体会数学的乐趣！让你轻轻松松、快快乐乐地学数学、玩数学！

5. 小结提升

通过这节数学阅读课，你想说些什么？

我们这节课有有趣的游戏，有故事背后存在的数学规律，这些都来自《马小跳玩数学》（4），希望大家深入阅读这本书，在班级的读书交流会中我们再进行交流。

【设计意图：在总结提升中引领学生进行深入阅读，并以班级读书会的形式进行交流，更能引导学生进行积极主动的阅读。】

“好书推介会”教学设计

学科：小学数学

适合年级：4年级

课型：导读

一、设计理念

本节课通过学生自我推荐好书，激发学生对数学阅读的喜爱，让学生们了解到数学不再只是枯燥的数字，这里有的是乐趣。

二、教学目标

1. 通过好书推介，激发学生的阅读兴趣，感受数学的有趣，并对数学课外读物产生强烈的阅读冲动，并积极主动地进行阅读。

2. 通过好书推介，提高学生阅读的兴趣，培养学生“读思结合”的阅读习惯。

三、教学过程

新学期刚开始，智慧花数学社团的同学在进行数学好书推荐活动，分享暑假阅读的数学课外读物，下面就是同学们推荐数学课外读物的现场发布会情况。

“我向大家推荐的数学课外读物是吉林美术出版社出版的《马小跳玩数学》，作者是杨红缨阿姨，我们班学生是一起阅读着《马小跳玩数学》长大的，这本书中每篇文章都是富有数学思考的有趣故事，让我们从此爱上数学、更富灵性。”张曦云的介绍很专业哟！

宋奕璇向大家介绍道：“我推荐的书目是海豚出版社出版的《李毓佩数学学习故事》（中年级），李毓佩爷爷在这本书中采用童话故事的形式向我们介绍了有趣的数学，其中许多的数学思想或解决问题策略会用旁注的方式提示我们，让我们更能在阅读的同时分享思考的快乐。”

陶然也主动请缨，走上讲台说：“我推荐的数学课外读物是北京少年儿童出版社出版的《你真的会＋－×÷吗》，阅读这本书，就知道数学不再是毫无感情的冷血，有一些看似浅显的小窍门，学会了可以受用一生。”

经统计，我们四（3）班推荐的书目如下：《贝贝妮奇奇卡的数学之旅》《神奇数学》《数学动物园》《数学王国历险记》《数学神探006》《数学司令》……

怎么样？同学们推荐的数学课外读物不错吧！希望你们和他们一起走进快乐的数学阅读世界，一起分享、品味阅读带来的快乐！

小结：

学生数学素养的提高远不止一本数学课本，建议让您的孩子阅读更多的数学课外读物，让孩子的数学素养得到提高。

《马小跳玩数学》（4）阅读批注教学设计

学科：小学数学

适合年级：4年级

课型：读书交流

一、作品分析

《马小跳玩数学》（4）是由我国著名儿童文学作家杨红樱主编的为6—12岁儿童打造的“数学王国”，通过一篇篇内容短小、富有数学思考、深入浅出的文章，让你爱上数学。在这本书中，马小跳会引领你走入一个绮丽而充满遐想的数学世界，尽情体会数学的乐趣。

二、学生分析

四年级的学生对阅读充满兴趣，在每天坚持阅读的基础上能够感受数学阅读的乐趣。学生在阅读中尝试用自己的方式记录阅读的思考，但不知晓规范的阅读批注规则，如果教师加以指导，学生就能够更有效地记录真实思考。

三、设计理念

本节课为数学阅读批注课，在我校“营造书香校园　共享智慧人生”办学理念的指引下，通过教师组织学生在初步领略书籍的大致内容的基础上，进行阅读交流，激发学生对数学阅读的喜爱，让学生了解到数学不再只是枯燥的数字，从而让学生爱上数学。

四、教学目标

1. 通过《马小跳玩数学》（4）的阅读批注，感受数学的乐趣，并积极主动地进行阅读批注。

2. 通过数学阅读批注，引导学生在阅读中积累，在批注中思考，促进学生数学思维的发展。

3. 通过阅读批注，引导学生形成积极向上的数学学习精神，感受数学阅读的魅力。

五、教学过程

1. 导入批注

我们每个人都有一本《马小跳玩数学》（4），那么，我们该如何开展阅读活动呢？如何才能深入理解故事带来的思考呢？今天老师给大家介绍一种批注的方法。

2. 介绍批注

什么是批注？批注，简单地说，就是常用的一种读书方法。阅读的时候把读书感想、疑难问题随手写在书中的空白地方，以帮助理解，深入思考。

批注的位置：批注时可以是“眉批”“首批”（批在书头上），也可以是“旁批”“侧批”（字、词、句的旁边，书页右侧），还可以是“尾批”（批在一段或全文之后）。

批注的形式：

（1）分析式：注明某一句或某一段具体含义的分析性文字。

（2）概括式：简要概括数学课外阅读故事的主要内容，这种方法有一定的难度。

（3）评价式：对文章中某一事物、某一思考过程的评价性文字。

（4）感想式：就阅读内容或思考过程所展开的想象和联想方面的批注。

（5）疑问式：理解课文中产生的疑难点的思考记录。

常用批注符号：

直线“—”：画在生字或需要解释的词语下，用以批注时注音或解词。

圈字码①②③……：用来标示自然段的序号，便于查找内容。

波浪线“~”：画在文章重要的语句下面，以便加深记忆、理解。

圈点“。”：标在文中的重点词或优美词语下面。

问号“？”：用在有疑问的语句末尾或旁边，可以批注疑问。

感叹号“！”：用在有感叹或惊奇的语句旁边，可以畅言所感。

分隔号“//”“/”：用来划分段落与层次，可以附注层次大意。

数学批注应注意的问题：

⑴要与同学交流与沟通，做到取长补短、共同提高。

⑵数学阅读学习的疑问，要及时向教师提出，争取在有限的课堂内解决自己的疑问。

⑶要定期归纳自己的学习成果，反思自己自主学习中的不足，及时改进，跟上教学进度。

3. 小结

从今天开始，请同学们做好批注，我们将在期末进行展评，评出批注最好的学生。

《马小跳玩数学》（4）阅读指导课教学设计

学科：小学数学

适合年级：4年级

课型：读书交流

一、作品分析

阅读《马小跳玩数学》（4），我们会和书中的主人公马小跳一起去发现生活中的数学，通过数学故事的阅读，在形态各异的符号、算式中感受数学学习的乐趣。

二、学生分析

我所教的学生在前期开展的数学阅读活动中，有了自己对数学阅读的思考，能够将数学故事通过批注、数学连环画、数学故事读后感等多种形式进行呈现。学生对数学阅读很感兴趣，有一定的表达能力，在表达中注重思考。

三、设计理念

在设计本节课时，我突出阅读指导。通过指导，提升学生对数学阅读的理解；通过指导，提升学生的思维发展。教师在指导学生进行阅读时，需要从学生的需求出发，从学生的发展入手，这样才能促进学生的阅读更加有效。

四、教学目标

1. 通过《马小跳玩数学》（4）的阅读指导，引导学生积极主动地进行阅读。

2. 通过阅读指导，掌握阅读批注的方法，促进学生数学思维的发展。

3. 通过阅读指导，感受积极向上的数学学习精神和数学阅读魅力。

五、教学过程

1. 题目入手，畅谈阅读经验

开学至今，我们一直在阅读《马小跳玩数学》（4），现在，请你谈一谈你的阅读经验。

学生谈阅读经验。（根据学生的回答板书：圈点批注、做读书笔记、边读边记、了解内容、明白道理、图文结合……）

小结：阅读，也需要交流和分享，正是这样的分享让我知道大家阅读的做法和经验。让我们一起分享我们在阅读过程中的感受和收获。

2. 指导阅读的方法

同学们真了不起！有这么多的阅读的做法和经验。老师也想向你们介绍一种新的阅读方法，就是利用目录阅读的方法。（板书：利用目录阅读）

叶圣陶先生说："读书先看目录，看一遍至少对于全书有了概括印象，进而能对阅读材料做出取舍。"

不管读什么书，首先要看目录。目录一般在正文之前，一般包括篇目和页码两部分。有的页码在篇目的前面，有的则在篇目的后面，形式有多种，同学们要根据目录快速地查找喜欢的阅读内容。下面请同学们根据你喜欢的读书方法来阅读你喜欢的故事。

现在请同学们来汇报刚才的读书情况。（说说你是怎样阅读课外书的，有什么收获。）

同学们真会读书！对《马小跳玩数学》（4）有了比较深刻的认识。

3. 小结

通过今天的阅读，你有什么收获呢？

（学生汇报收获）

最后，老师送给大家一句话："每天阅读一小时，心灵健康五十年，幸福生活一辈子。"

《数学故事串串烧》教学设计

学科：小学数学

适合年级：4年级

课型：阅读交流

一、内容简介

学生从不同渠道收集到的数学故事。

二、学习目标

1. 通过阅读，提高学生学习数学的兴趣。

2. 阅读，使学生有更多的兴致和能力去涉猎更富有趣味、更有价值、更深层次的数学。

3. 使学生在阅读过程中主动自发地去发现知识、探寻知识，养成乐学数学、会学数学的良好学习习惯和阅读习惯。

三、前期准备

教师准备：

有关数学故事的各类报纸、杂志、书籍、资料等。

学生准备：

1. 有关数学学习的各类报纸、杂志、书籍、资料等。

2. 课下把在阅读中发现的有关数学学习的好题、好方法等进行归纳整理。

四、实施过程

1. 课前

学生利用课余时间阅读所发的有关数学故事的各类报纸、杂志、书籍、资料等，在阅读的过程中，提取有关数学知识的好的解题方法、好题等，并整理归纳（不能直接拿来用，要有自己的见解、看法），简略写出好的办法对自己的帮助、启发；好的题目好在何处；等等。

2. 课上

（1）提取重点

学生自主把课下提取的重点采用PPT形式进行归纳，并进行展示交流，形成完整的言语体系。

（2）合作交流

每个学生把自己整理的先在小组内进行交流，组内分享各自的成果，然后小组内确定3—5份好的材料准备全班交流。

（3）共享精华

各小组派代表到台前进行详细解释，其他小组可以提出自己的看法，可以是肯定的，也可以是建议性的。若该小组提取的内容对学生很有价值，学生可以记在笔记本上。

(4) 整理吸收

整理解题的好方法，进行消化吸收。

3. 课后

把全班搜集整理的数学故事展示分享。

附：学生整理的部分材料

祖冲之——月球有他的名字

1955年8月25日，我国邮电部发行了一组纪念邮票《中国古代科学家》，第二枚（编号126）就是“数学家祖冲之”。第二年元旦，邮电部又发行了这组邮票的小型张。我国邮电部发行纪念科学家的邮票和小型张，就是从这一组开始的，足见我国人民对祖冲之等科学家的尊敬和怀念。另外，现在月球背面的一个山谷，已被命名为“祖冲之”，可见国际上对他也十分敬仰。

动物中的数学“天才”

蜜蜂蜂房是严格的六角柱状体，它的一端是平整的六角形开口，另一端是封闭的六角菱锥形的底，由三个相同的菱形组成。组成底盘的菱形的钝角为109° 28′，所有的锐角为70° 32′，这样既坚固又省料。蜂房的巢壁厚0.073毫米，误差极小。

丹顶鹤总是成群结队迁飞，而且排成“人”字形。“人”字形的角度是110°。更精确的计算还表明“人”字形夹角的一半——即每边与鹤群前进方向的夹角为54° 44′ 8″！而金刚石结晶体的角度正好也是54° 44′ 8″！是巧合还是大自然的某种“默契”？

蜘蛛结的“八卦”形网，是既复杂又美丽的八角形几何图案，人们即便使用直尺和圆规也很难画出像蜘蛛网那样匀称的图案。

冬天，猫睡觉时总是把身体抱成一个球形，这含有数学原理，因为球形使身体的表面积变小，从而散发的热量也最少。

真正的数学“天才”是珊瑚虫。珊瑚虫在自己的身上记下“日历”，它们每年在自己的体壁上“刻画”出365条斑纹，显然是一天“画”一条。奇怪的是，古生物学家发现3.5亿年前的珊瑚虫每年“画”出400幅“水彩画”。天文学家告诉我们，当时地球一天仅21.9小时，一年不是365天，而是400天。

立体思维

瓦特获得了蒸汽机的发明专利后，从一个大学实验员一跃成为公司老板，还成为英国皇家学会的会员。在一次皇家音乐会上，有个贵族故意嘲笑他说：“乐队指挥手里拿的东西在物理学家眼里仅仅是根棒子而已。”瓦特回答道：“是的，那的确是根棒子，我们都知道用这样3根棒子，可以组成5个直角，我还可以组成12个直角，可是你最多能排出8个直角。”这个贵族不服气地用3根指挥棒摆来摆去，果然是最多组成8个角。而瓦特接过棒子，把两根棒子十字交差，摆成4个直角，第三根棒子穿过十字并垂直于这个十字所决定的平面，又与这两根棒子分别各形成4个直角，果然摆出了12个直角，那位贵族不得不服气。

关于概率

什么是概率？即某种事件在同一条件下可能发生也可能不发生，表示发生的可能性大小的量叫作概率。例如，当你把硬币抛在空中让它自然落下，是字面朝上还是图面朝上的概率都是二分之一；再如，把一个骰子掷出去，分别有1、2、

3、4、5、6点的六个面，哪一个面朝上的概率都是六分之一。

在研究概率论时，要注意，前面发生的事情与将要发生的事情没有必然的联系，或者认为前面的结果对后面将要出现的结果会产生影响，这种认识是错误的。

例如，某个家庭有五个女孩，他们的父母认为，再生一个孩子肯定是男孩子；有人在打牌时连输三盘，就认为第四盘不可能再输了；在第二次世界大战期间，不少士兵在战场上寻找新弹坑藏身，认为炮弹不可能一个接一个地落在同一地点等。

所以，概率与一个人的运气无关，连赢多次的人不说明他运气好，连输多次的人也不说明他命运不济，概率是客观存在的，而运气是不存在的，是一种迷信。

为什么日历上各月的天数不一样?

同学们都知道一年是365天，是地球绕太阳运行一周的时间，月亮绕地球一周是29天多。那么，为什么现在日历上每月有31天，有30天，2月有时是28天，有时是29天呢？这得从古代罗马说起。

古罗马有一位叫作儒略·恺撒的统帅，他主持制定了历法，因为他自己是在7月出生的，为了表示他的伟大，他就决定把7月改叫“儒略月”，而连同与7月一样的单数月，就都定为31天，双月就是30天，这样一算，一年就成了366天，和地球绕太阳一周的时间不一样，历法就不准了。因为2月是古罗马处决犯人的月份，恺撒为了表示自己“仁慈”，就下令把2月减少一天，这样，2月就成了29天了。

恺撒死后，他的继承人叫奥古斯都，他是8月出生的，就学习恺撒把8月定为“奥古斯都月”，在8月增加一天，总不能连着三个月都是大月吧，于是把原来的9月、11月改成小月，10月、12月改成大月，还多一天，就又从2月份里减少一天，这样，2月就又变成28天了。所以，现在的日历1月、3月、5月、7月、8月、10月、12月是31天，4月、6月、9月、11月是30天，而2月平年是28天，闰年是29天。

关于“哥德巴赫猜想”的故事

哥德巴赫猜想至今未被证明，陈景润只是证明了“1+2”。哥德巴赫猜想是怎么一回事呢?

哥德巴赫是一位生活在两百年前的德国外交官，他非常喜欢研究数学，并和当时著名数学家欧拉是好朋友。有一次，他写信给欧拉说:“我想发表一个猜想，就是每个大奇数都可以写成三个奇质数之和，比如77＝53＋17＋7，461＝449＋7＋5。这样，我发现，任何大于5的奇数都是三个质数之和。但这怎样证明呢?”不久，欧拉回信说:“虽然现在我还不能证明它，但我感觉它是正确的。”同时欧拉又提出了另一个命题，任何一个大于2的偶数，都是两个质数之和。这两个命题，现在通称为哥德巴赫猜想。

这个猜想看似简单，实际上想要求证相当困难。曾有人说，它的困难程度可以和任何没有解决的数学问题相比。两百年来，尽管许多数学家为解决这个猜想付出了无数努力，试验了从1000到3.3亿的所有数，都肯定了猜想是正确的，但一直没有得到正面证明或被推翻。而陈景润是走得离猜想最近的人。

勾股定理的发现

毕达哥拉斯到朋友家做客，宴席间他望着朋友家黑白相间的等腰直角三角形发呆，过了好大一会儿，他突然恍然大悟的样子，大笑着跑回家去了，原来他发现等腰直角三角形两个直角边相乘两次的和等于斜边相乘两次，即如果直角边分别是3、4，即$3^2+4^2=5^2$，那斜边就是5。这个定理在国外就叫毕达哥拉斯定理，在我国则叫勾股定理，据《周髀算经》记载是西周早期商高发明的“勾三股四弦五”。

引入西方数学概念的第一人

李善兰是我国晚清的大学者，尤其精通数学，还懂外文。他一生除了自己的著述，还翻译了很多外国的数学书籍，借此向中国学者介绍了西方较先进的符号、代数及微积分知识，还创立了许多新概念、新名词、新符号。这些来自西方的东西，经过李善兰的再创造，就成了今天我国通用的数学名词，如代数学、系数、根、方程式、函数、微分、积分、几何学等。连许多数学符号，如“+”“−”“×”“÷”这些运算符号，也是李善兰通过翻译外文引进的。

李善兰小时候，偶然看到一本中国的数学名著《九章算术》，翻看了几页，觉得很有趣，便把这本书一口气读完，从此他便爱上了数学。后来，他博览群书，精通的东西很多，除数学外，还精通物理、化学、生物等，可以说是“上知天文，下知地理”，成了一个了不起的大学问家。

因为李善兰的工作，才让我们中国人第一次了解了西方最先进的科学知识。

关于罗马数字和阿拉伯数字的斗争

同学们见过座钟吗？有些旧座钟刻度盘上12小时表示为：Ⅰ、Ⅱ、Ⅲ、Ⅳ、Ⅴ、Ⅵ、Ⅶ、Ⅷ、Ⅸ、Ⅹ、Ⅺ、Ⅻ。这是罗马数字，在这种数字中，没有“0”这个符号。后来，罗马帝国有一位学者从印度记数法里发现了“0”，经过使用，感到很方便，就把“0”的使用方法向大家推广介绍。过了一段时间，罗马教皇知道了这件事，非常恼怒，斥责说，神圣的数是上帝创造的，在上帝创造的数字里没有“0”这个怪物，如果谁使用“0”就是亵渎上帝。于是教皇就下令把这位学者抓起来，还施以酷刑，用夹子把他的手指紧紧夹住，使他两手残废，让他再也不能握笔写字。愚昧、残忍的罗马教皇，想禁止“0”的使用的行为是徒劳的，罗马的数学家们在数学研究中仍然秘密地使用“0”。后来，“0”终于在欧洲被广泛使用，而“上帝创造”的罗马数字却逐渐被淘汰了。

第一次测量地球大小的数学家

在古代，说地球是球形的人往往被嘲笑，严重的还被处死刑，更不用说知道地球有多大了。最早是古希腊数学家毕达哥拉斯提出地球是球形的假设；接着，古希腊数学家埃拉托斯芬又以惊人的勇气提出测量地球大小的问题。

埃拉托斯芬是怎样测量地球的大小呢？他发现在亚历山大城的正南方有座塞尼城，城中有个有趣现象，每年夏至那天正午，阳光能直接射进塞尼城很深的水井的底部，而在同一时刻，亚历山大城的阳光却不能照射到水井的底部，只能照亮井壁的下部。他测量了一下阳光与地面垂直线的夹角为360度的1/50，而亚历山大城离塞尼城的距离是785千米，他把阳光看成是平行的，既然圆周角是360度，圆弧的长度是785千米，用这个长度乘50，就是地球这个球体的周长，即$785\times50=39250$（千米）。这是一个相当精确的数字，与今天测出的地球周长39250千米一样。

地球数据：

平均半径：6371km

赤道半径：6378km

表 面 积：$5.11\times10^{8}km^{2}$

体　　积：$1.083\times10^{12}km^{3}$

平均密度：$5507.85kg/m^{3}$

数的诞生的故事

最早的原始人根本没有“数”的概念，他们只知道“有”和“没有”，后来他们知道了“多”和“少”。在很长的时间里，原始人就是借助手指来计算的。

十个以后怎么办？原始人就用在兽骨等东西上画杠或用绳子系扣的方法，来把两个东西一一对应起来。比如，打来四只兔子，就在绳子上结四个扣子，根据绳子的颜色、扣子大小来代表不同事物的数目。所以，中国的古书上早就有“结绳记事”的说法。在文字出现前，就有比较完整的数字符号了。在四千多年前，中国人已经会用十进制，在三千多年前的商朝，就有了从1到10的全部数字符号。不过，我们现在用的“阿拉伯数字”，是印度人在两千三百多年前发明的，后来经过上千年的演变，又传到阿拉伯，再从阿拉伯传到欧洲，经过演变，最后才成为像现在我们看到的这个样子。西方认为这是阿拉伯人发明的，就一直称为阿拉伯数字。

意想不到的惊人大数

按理说，数是无穷无尽的，不可能有一个最大的数。但古希腊数学家阿基米德就曾提出过“大数”，他在一本书中说，有人认为全世界的沙子是无穷无尽的，但他通过计算后表明，就是把地球上的海洋、洞穴都填成沙子，这些沙子的总数不会超过1后面有100个0，这个数如果读出来，就是一万亿亿亿亿亿亿亿亿亿亿亿亿，后来的数学家把这个大数叫“古戈”，即101位数。12世纪，意大利有个叫斐波纳奇的数学家，在《算盘书》里有一个有趣的计算题，如果一对兔子在它们出生后的第三个月里，又能开始生一对兔子，假如每只小兔子都能活下来，那由第一对兔子开始，一年后能有多少对兔子。现在排一下，第一个月开始兔子增加的数列是1、1、2、3、5……即从第三项开始，后一项都是前两项之和，一年后，共有144对。如果再按这个规律算下去，到第571个月，也就是第37年时，兔子的数目就是96后面有117个0，如果真到那个时候，这些兔子恐怕地球都装不下了。

从铁窗里走出来的数学家

彭色列是法国巴黎一所工艺学校的毕业生，在24岁时应征入伍。因为当时拿破仑对外扩张，法军于1812年侵入俄国，遭到俄国军民的顽强抵抗而惨败，由出征时的60万大军，最后只剩下2万人逃回法国。彭色列因伤势重，奄奄一息，俄军打扫战场时被俘，经过四个多月的长途跋涉，被押送到战俘监狱。

在监狱里，彭色列并没有气馁，没有忘记他心爱的数学。虽然他手头没有资料，监狱里更没有资料室，但他凭借自己的记忆，重温着在学校学到的数学知识，在监狱的石墙上进行着大量计算，后来他设法弄到了一些纸张，记录下他的思考。一年半之后，他在监狱里写下了七大本数学笔记。

彭色列终于被释放了，回到法国后，担任了母校的数学教授，他把在监狱中的研究成果，又作了更加细致的补充和修订，并予以出版，他的学说创立了新的数学分支——射影几何学。

女子天才数学家埃米·诺特

一个长相普通的女子埃米·诺特，对20世纪的数学影响无与伦比，研究数学的人都不由自主地提到她的名字。她的书被作为大学的教材，很多著名数学家都是她的学生。就连像爱因斯坦这样的科学巨星也对她推崇备至，说她是“自妇女受到高等教育以来最杰出的、最富有创造力的数学天才”。

但诺特生活的年代是妇女备受歧视的年代。1903年，她走进大学课堂，立即引起议论，因为当时根本不许女生注册，女孩子要学习只能旁听。后来她走上大学教坛，鉴于她的才华，学校想给她以“私人讲师”的身份在大学授课，世俗的偏见连这样的要求都不能得到满足，反对的人说：“当我们的学生发现他们在一个女人脚下学习时，他们会怎么想？”有位为她辩护的数学家说：“我无法想象候选人的性别竟成了反对她升任讲师的理由。别忘了，我们这里是大学而不是浴池。”

诺特在三年后终于当上讲师，她对数学十分痴迷，关爱学生，经常带学生散步远足。她往往在途中全神贯注地讨论思考数学问题，全然不顾来往行人和车辆，学生们不得不保护她的安全。

菲尔兹奖——数学上的“诺贝尔奖”

当今数学界的最高奖励是已故的加拿大数学家菲尔兹提出的，它的资金来源由菲尔兹本人提供。有人会问，为什么诺贝尔不设数学奖？据说诺贝尔和瑞典著名数学家莱夫勒有仇，诺贝尔知道，如果设立了数学奖，莱夫勒必是首位获奖人选，所以他决定不设数学奖。

但莱夫勒是菲尔兹的好友，菲尔兹感到诺贝尔有点小家子气，于是决定通过自己的努力来和诺贝尔对抗。

1924年，菲尔兹成功地在多伦多举办了一次世界数学大会，就是在这次大会上提出把大会结余的经费用来设立一个数学奖金。1932年，菲尔兹去世前，立下遗嘱把一大笔钱加到剩余经费中，这笔钱交到于1932年在苏黎世召开的数学大会，大会决定接受这笔钱并设立“菲尔兹奖”。于是，菲尔兹的声誉很快传遍全世界。

现在“菲尔兹奖”虽然知名度无法与诺贝尔相比，却是国际公认的世界数学界最高奖项。

我国古代的运筹学应用

宋朝时，皇宫里一次失火，一夜之间大片宫殿成了废墟，建筑工程师丁谓接到了修缮任务。皇上指令说：快点清理废墟，尽快修好宫殿，还不能因为修宫殿而影响老百姓的生活。丁谓胸有成竹地接受任务后，经过筹划制订了详细的施工方案。

首先他在施工地点周围挖了几个又深又大的沟，用挖出来的新土修房子；又把城外一条河里的水引来灌在沟里，既解决了施工用水问题，又解决了水上运输问题；最后等工程完成了，再把水排回河里，原来废墟上的垃圾和建筑垃圾填进沟里，使沟又变成平地。整个过程就是这样：挖沟（取土）—引水入沟（水道运输）—填沟（处理垃圾）。

丁谓的这个方案，使整个施工过程有条不紊，而且节约了很多人力和财力。实际上，他是在自觉地运用数学里运筹学的知识。

“我走近的数学家”教学设计

学科：小学数学

适合年级：4年级

课型：导读

一、数学阅读内容

数学家的故事。

二、数学阅读目标

1. 通过阅读，了解更多关于数学家的动人故事和重大贡献，激发学生的民族自豪感。

2. 对学生进行情感教育，从而帮助其树立远大志向。

三、教学过程

1. 谈话导入

师：同学们，在《魔力数学》中介绍了一些数学家的故事，你都知道哪些数学家？

生：华罗庚、陈景润……

师：同学们懂得可真不少，今天老师就详细向大家介绍几位大数学家。请大家看大屏幕。（屏幕出示其他几位数学家的名字）

师：关于这些数学家，你都了解什么呢？

生1：华罗庚一直十分谦虚，说自己不是天才，那么究竟是什么原因使他从平凡走向成功，成为出类拔萃、世界闻名的大数学家呢？

生2：我读了《数学家徐利治的故事》，知道了徐老先生在数学上为祖国做出了贡献，写的许多论文在国际上引起了反响，还培养出一批成才的学生，我还想知道更多关于他的故事。

师：带着同学们的问题，我们来详细阅读这些伟大的数学家的故事。

2. 独立阅读

师：每人一台电脑，请大家打开《数学家的故事》幻灯片进行阅读，特别精彩的内容可以记录在笔记本上。时间10分钟。

3. 四人小组交流

师：同学们都认真进行了阅读，请在四人小组内交流你阅读后的感想，并推荐一名同学到全班汇报。

4. 全班汇报

5. 书写感想

师：刚才有同学谈了自己的感想，由于时间关系，很多同学没有这个机会，不要紧，请同学们将自己阅读后的最深感触写在作业本上。

6. 布置作业

继续搜集更多的“数学家”的故事，并与爸爸、妈妈进行交流。

学生进行了搜集、整理，资源呈现如下：

陈景润——立志夺取数学皇冠上的明珠

陈景润在福州英华中学读书时，有一次听到沈元教授在讲哥德巴赫猜想的故事时说：“科学的皇后是数学，数学的皇冠是数论，哥德巴赫猜想则是皇冠上的明珠。”这句话萌发了少年陈景润立志学习数学的动机。

陈景润高中还没毕业，于1950年以同等学力考进厦门大学，攻读数学专业。1953年秋，因其成绩优异提前毕业，被分配到北京一所中学当数学教师。陈景润善于从事研究而不善于讲课，对此，他感到很苦恼。但是，他对工作又很负责任，仍坚持着一面教书，一面进行数学理论探讨，日久天长，他终于积劳成疾。患病中，他偶然得到一本华罗庚教授的名著《堆垒素数论》，就如获至宝刻苦地研读起来。

陈景润的情况，被爱才若渴的厦门大学校长王亚南知道了。王亚南找陈景润谈话后认为，从陈景润的发展来看，留在北京教中学数学，还不如调回厦门大学从事研究工作更有利。于是，王校长通过组织手续把陈景润调回母校，安排到图书馆当管理员，给他创造了一个安静的环境，让他深入到数学王国自由地驰骋。应该说，陈景润事业有成，少不了王亚南的关怀。

陈景润在厦大图书馆里，如痴如醉地对《堆垒素数论》和《数论导引》进行深入的研究，很快写出了数论方面的论文《他利问题》，并把它寄给中国科学院数学研究所的华罗庚教授。

华罗庚看了陈景润的论文后，认为他很有培养前途，建议把他调到北京数学研究所当实习研究员。1957年，先后写了40多篇论文的陈景润被调到科学院，开始在华罗庚教授的指导下专心研究数论。有一天，在中科院的办公楼里，陈景润问数学家林群（院士）：“一个10阶行列式，怎么知道它一定等于零呢？”林群告诉他，如果硬算，要算10年。但是一个月后，陈景润告诉林群说：“我已经算出来了，结果恰恰是零。”过了不久，陈景润又提出另一个问题：“一个三元五次多项式，怎样找出所有的解答？”林群说，这像是海底捞针。可是，大约又过了一个月，陈景润告诉他说：“全部解答都找到了，不信你可以一个一个代到方程去，只要肯花时间。”林群认为，陈景润不是天才而是“慢才”，一个问题要他马上回答，他会答不出来，但几天以后，他回答问题比谁都深刻，他能把自己的思想变成激光束穿透钢板，这也就是陈景润的过人之处。

为了深入研究哥德巴赫猜想，陈景润在已掌握英、俄两门外语的基础上，又自学了德、法、日、意和西班牙语。他认为多掌握一门外语，就是多了一双观察世界数学成果的眼睛。同时，他在数论方面进行了深入研究和艰辛的探索。如在“圆内整点问题”“华林问题”“三维除数问题”等，他都改进了中外数学家的研究结果。1966年5月他在《科学通报》第17期发表了他已证明过的“1＋2”的成果。著名数学家闵嗣鹤教授审核了他的200多页的论文原稿，确认了陈景润的证明正确无误，建议他加以简化。陈景润夜以继日，每夜只睡三四个小时，七易寒暑，推算的稿纸有6麻袋，终于诞生了著名的论文《大偶数表为一个素数及一个不超过二个素数的乘积之和》。这篇论文中的定理，被英国数学家哈勃斯丹和德国数学家李希特誉为“陈氏定理”，是“筛法”的光辉顶点。这一成就为世界所公认。

有一则小故事说的是大哥陈景桐与陈景润相见的事。陈景润幼年丧母，大哥陈景桐与大姐陈瑞珍曾给予他无微不至的关怀，所以陈景桐在陈景润心目中占有重要的位置。陈景桐每次到北京开会都要去看望弟弟，有一次因为觉得去弟弟住处中关村不方便，就约他到所住的宾馆来会面。不料陈景桐临时被朋友约去登长城，因交通受阻未能准时回来，致使陈景润在宾馆等候了半天。在这期间，陈景润只得拿出带在身边的数学杂志来看。两个女服务员望着这位衣着朴素的客人窃窃私语："你看他皮鞋裂口，穿着不一样颜色袜子的人，还能读洋文……"正在这时，陈景桐回来了。陈景润见到哥哥就毫不客气地批评道："你浪费了我这么多的时间，你知道我的时间是以分秒计算的吗？"陈景桐很了解弟弟的心情，急忙解释是因交通所致，不是别的缘故，陈景润的脸色才由阴转晴，兄弟二人这才亲热地诉说着思念之情。

华罗庚

华罗庚，1910年11月12日出生于江苏金坛县（今常州市金坛区），父亲以开杂货铺为生。他幼时爱动脑筋，因思考问题过于专心常被同伴们戏称为"罗呆子"。他进入金坛县立初中后，其数学才能被老师王维克发现，并尽心尽力予以培养。初中毕业后，华罗庚曾入上海中华职业学校就读，因拿不出学费而中途退学，故一生只有初中文凭。

此后，他开始顽强自学，每天达10个小时以上。他用5年时间学完了高中和大学低年级的全部数学课程。1928年，他不幸染上伤寒病，靠新婚妻子的照料得以挽回性命，却落下左腿残疾。20岁时，他以一篇论文轰动数学界，被清华大学请去工作。

从1931年起，华罗庚在清华大学边工作边学习，用一年半时间学完了数学系全部课程。他自学了英、法、德语，在国外杂志上发表了三篇论文后，被破格聘为助教。1936年夏，华罗庚被保送到英国剑桥大学进修，两年中发表了10多篇论文，引起国际数学界赞赏。1938年，华罗庚访英回国，在西南联合大学任教授。在昆明郊外一间牛棚似的小阁楼里，他艰难地写出名著《堆垒素数论》。1946年3月，他应邀访问苏联，回国后不顾反动当局的限制，在昆明为青年作"访苏三月记”的报告。1946年9月，华罗庚应纽约普林斯顿大学邀请去美国讲学，并于1948年被美国伊利诺依大学聘为终身教授。不久，妻子带着三个儿子来到美国与其团聚。

1949年，华罗庚毅然放弃优裕的生活携全家返回祖国。1950年3月，他到达北京，随后担任了清华大学数学系主任、中科院数学所所长等职。20世纪50年代，他在“百花齐放，百家争鸣”的学术氛围下著述颇丰，还发现和培养了王元、陈景润等数学人才。1956年，他着手筹建中科院计算数学研究所。1958年，他担任中国科技大学副校长兼数学系主任。从1960年起，华罗庚开始在工农业生产中推广统筹法和优选法，足迹遍及27个省、直辖市、自治区，创造了巨大的物质财富和经济效益。1978年3月，他被任命为中科院副院长并于翌年入党。

晚年的华罗庚不顾年老体弱，仍然奔波在建设第一线。他还多次应邀赴欧美及香港地区讲学，先后被法国南锡大学、美国伊利诺依大学、香港中文大学授予荣誉博士学位，于1984年以全票当选为美国科学院外籍院士。1985年6月12日，他在日本东京做学术报告时，因心脏病突发不幸逝世，享年74岁。

数学家高斯的故事

高斯是德国数学家，也是科学家，有“数学王子”之称。

高斯最出名的故事就是他10岁时，小学老师出了一道算术难题：“计算1+2+3+……+100=？”这可难住了初学算术的学生，但是高斯却在几秒后就把答案算了出来，他利用算术级数（等差级数）的对称性，然后就像求得一般算术级数和的过程一样，把数目一对对凑在一起：1+100，2+99，3+98，49+52，50+51……而这样的组合有50组，所以答案很快就可以求得：101×50=5050。

由于高斯在数学、天文学、大地测量学和物理学中的杰出研究成果，他被选为许多科学院和数学团体成员，“数学王子”的称号是对他一生恰如其分的赞颂。

李学数与《数学和数学家的故事》

李学数博士少年时代在新加坡南洋大学上学，数学系毕业后，前往加拿大、法国、美国学习，现在美国一家著名大学担任数学系教授。他写的《数学和数学家的故事》出版后，深受读者喜爱，并一版再版，是数学普及读物中的佳作。作者以深厚的功力、广博的知识，将一般人认为枯燥的数学问题，深入浅出、趣味地展现于读者面前。青少年通过阅读本书，不仅可以了解到许多历史上著名的数学问题，而且还可以了解和认识到数学界的最新发展和动向，并激发对数学的兴趣和爱好科学的精神。

《数学童话创编》教学设计1

学科：小学数学

适合年级：4年级

课型：阅读指导

一、设计理念

“鼓励学生写想象中事物，激发他们展开想象和幻想。”“减少对学生写作的束缚，鼓励自由表达和有创意的表达。”在教学时，我尽可能地减少束缚，努力为学生营造一个自由宽松的氛围，鼓励学生大胆想象、自由表达；充分发挥小组学习的作用，让学生充分展示自我，互相激励，激发学生乐于写作的激情，让学生饶有兴趣地去写作。

二、教学目标

1. 让学生学会写数学童话，并培养其丰富的想象力。

2. 通过回顾听过、看过的数学童话，来了解童话的特点；细致地观察生活，采用夸张的方法表现生活；并尝试自己写童话。

三、教学过程

1. 什么是数学童话？

数学童话是按照儿童的心理特点和需要，通过丰富的幻想、想象和夸张来塑造鲜明的形象，采用数学故事或应用数学，用曲折动人的故事情节和浅显易懂的语言文字反映现实生活，起到教育人的目的。

童话一般有四种：拟人体童话、超人体童话、常人体童话、知识体童话等。

数学童话的基本思想是童话形象和童话故事情节表达出来的。童话形象是整个作品的核心，没有栩栩如生的童话形象，就无法把作品的基本思想生动地传达给读者。我们在挑选人物角色时，适当地尊重读者的爱好、民族习惯以及多年来形成的传统、心理和感情也是必要的。

数学童话的逻辑性是指幻想和现实结合的规律。所有的童话都是虚构的，但有的读起来似乎入情入理，而有的却觉得牵强附会，原因就在于前者符合童话的逻辑，而后者却忽略了这一点，以至于破坏了整个故事的合理性。

2. 练习

阅读、批注李毓佩数学童话。

学生思考：

（1）分析已学过的童话中的人物形象类型。

（2）故事的逻辑性是如何体现的？

3. 作业

思考：你会按照怎样的过程写数学童话？写出你的构思或文章框架。

《数学童话创编》教学设计2

学科：小学数学

适合年级：4年级

课型：阅读指导

一、设计理念

数学童话的创编是在学生欣赏了一些童话故事、了解了童话故事特点的基础上进行教学的。在教学中，我鼓励学生用拟人的形式，赋予数字、符号生命，采用童话的方式展开故事的情节和想象。在创编数学童话的过程中，我摒弃对学生思维的限制和束缚，引导学生展开丰富的想象，为培养学生的创新意识和实践能力创造有利的条件。

二、教学目标

1.让学生在尝试创编数学童话的过程中，激发数学学习的兴趣。

2.在学生了解童话特点的基础上，发挥想象力，将数学和童话有机结合，尝试自己创编数学童话。

三、教学过程

1. 检查作业

你会按照怎样的过程写数学童话？

2. 教师指导归纳童话的写作模式

数学童话要符合现实生活规律，并有一定寓意。学生要能用一定的公式完整地编写一个童话故事，从编拟童话故事的过程中接受自我教育或者通过童话故事说明一个道理或给人以启迪，引导学生向往真、善、美的世界。

编写数学童话的公式：依据特点（结合所学内容）—想象原因—想象情节。

创编数学童话可以按主次观察，先主后次；按事物发展先后顺序观察，先怎么样，再怎么样。教师要引导学生联想它的前因、后果，人物的心理活动、语言等，形成一个完整的、连贯的事物，使人物形象更加丰满逼真，故事情节更加曲折动人。学生在构思故事时可以大胆、自由地想象，要尽可能地使故事过程具体些。

3. 学生创编、修改数学童话

学生创编童话，教师引导学生阅读写好的草稿，然后再进行修改。

4. 作业

全班交流展示。

在数学童话创编活动中，我真的很佩服学生的想象力，学生创编出了许多构思巧妙、故事情节丰满的数学童话。下面就是部分学生创编的数学童话。

贪心的大黑猪

◎ 智慧花数学社团　刘骐逢

小花猫在森林里开了一家服装店，衣服样式新颖，价格公道，吸引了不少小动物前来购买。好吃懒做的大黑猪知道了这个消息，也来到小花猫的服装店买衣服。大黑猪一走进服装店，小动物们都觉得不会有好事，一定是来者不善。大黑猪挑了一件30块钱的背心，付了钱就匆匆忙忙地走了，大家都以为它改邪归正了。谁知道没几分钟，它又气冲冲地回来了，不满意地说："这件背心不好，我要换一件外套。"和气的小花猫说："没问题。"小花猫拿给它一件60块钱的外套，说您再付30元就行了。可是大黑猪一听就生气了，说："我给过你30块钱了，又把这件30块钱的背心还给了你，总共是60块钱了，为什么还让我付钱？"小花猫一听，对呀，就让大黑猪把外套拿走了。可是到了晚上算账的时候却怎么也对不上账，白白地少了30块钱，小花猫怎么想也想不出来为什么。

小花猫只好去向大象伯伯请教，因为他不仅力气大，而且学问也大，森林里的小动物们都听他的。大象伯伯听了小花猫的讲述后对小花猫说："傻孩子呀，大黑猪骗了你。你想，那30块钱的背心只有退给你，你才能把30块钱还给大黑猪呀，现在等于大黑猪把原来花30块钱买的背心还给你，却拿走了60元外套，你当然对不上账。"经过大象伯伯这么一讲，小花猫终于明白了为什么有30块钱对不上账。

为了帮小花猫要回被骗的钱，大象伯伯决定陪小花猫到大黑猪那儿走一趟。大黑猪还想不认账，可是看到大象伯伯来了，它是敢怒不敢言，但是还是不愿意退回骗小花猫的那30块钱。大象伯伯说：你利用小花猫数学不好欺骗了它，现在我也给你出一道数学题，如果你答出来，就不用退那30块钱了，如果答不出来，不仅要退还那30块钱，还要退还那件外套。大黑猪无可奈何地答应了。题目是这样的：$1\div3+2\div3+3\div3+4\div3+5\div3+6\div3+7\div3+8\div3=$? 这下大黑猪傻眼了，只好乖乖地退回了骗小花猫的30块钱和那件外套。聪明的同学，你知道这道题的答案吗？让我来告诉你吧：$1\div3+2\div3+3\div3+4\div3+5\div3+6\div3+7\div3+8\div3=(1+2+3+4+5+6+7+8)\div3=36\div3=12$。

小数学迷艾米丽

◎ 智慧花数学社团　张涣闻

有一天，艾米丽到一个宠物商店买了一只小狗，给它取名叫艾丽，买完之后就回家了。

第二天，艾米丽去信箱里拿信，她看到这封信是女巫贝丽写的，信上说：你三天不到埃及金字塔，你的小狗艾丽会病死的，因为这是埃及的一个叫埃丽斯百丹的一位先生的狗。他有一种怪病，只能传染小狗，所以，你一定要来到埃及。艾米丽很舍不得她心爱的小狗，于是她就带着艾丽去了埃及。到金字塔后，她就头晕眼花、双腿发软，艾米丽看到有一个指示牌上面写着只要算出这道题，并在相应的三个门上按下按钮，就会成功打开门，否则就会成为法老的陪葬品。题目是这样的：94×97=？艾米丽开始算起来，得出：9118。第二个门的答案跟自己算的一模一样，她就按了第二个门的绿色按钮，门打开了，艾米丽带着她的狗走了进去。不一会儿，就到了数学森林里，她看到一栋漂亮的房子，就爬到屋子里的床上，不一会儿就睡着了。

女巫通过水晶球看到发生的一切说："让你出去算你幸运，下一次就不会这么幸运了，哈哈！"

艾米丽是位有名的小数学迷，不管什么数学题都难不住她。有一天，女巫扮成一个小女孩，走进艾米丽的房子前敲门。艾米丽把门打开看见一位小姑娘，小姑娘就进屋对艾米丽说："你能算出我出的一道题，我就告诉你我是谁；如果算不出来，我就让你死去。"艾米丽听到后吓得浑身发抖。女巫对她说："66×89=？"艾米丽很快算出来了：66×89=5874。女巫对艾米丽说："我告诉你我是谁，我是贝丽，我今天不会杀你，你的小狗也不会死。"贝丽说完就走了。哦！原来是一场梦，艾米丽惊醒之后发现自己正躺在床上。

布布其的古代数学之旅

◎ 智慧花数学社团　王若楠

布布其，男，年龄未知，是3088年数学城里最聪明的人。他曾帮助国王破解加减乱石阵，得清宅一处；帮助卖鞋人数了1835037双鞋，得金鞋一双；遇白头翁结为朋友，并互换最珍贵的东西。他因为出类拔萃的数学才能而享誉宇宙。

但布布其遇到了新的对手，他必须回到远古时代打败对手！

布布其到数学城中最大的超市去买生活用品：3盒牙膏，1盒8.20元；3个用不坏牙刷，1个6.50元；2条洁白毛巾，1条4.07元。布布其结账时，发现包里只有20.50元。他算了算今天一共花了多少钱：3×8.20=24.60（元），3×6.50=19.50（元），2×4.07=8.14（元）。布布其没敢往下算，他知道钱不够。突然，他想起了白头翁给自己的铁令牌，只要有了它，买东西就不用掏钱了！

布布其从超市出来后，把自己的小狗“路路通”带上。他们来到大广场，布布其拿出时空穿梭仪，上面写道：把3个1、3个2、3个3填到这9个格里，让横行、竖行、斜行加起来都等于6。布布其很快做到了：

2	1	3
3	2	1
1	3	2

啊！门打开啦！布布其被带进了时空穿梭仪里。

布布其醒来时，发现自己躺在一片草原上，旁边趴着自己的小狗。布布其想：这一定是“聪明时代”啦！可怎么连半个人影也没看见呢？

这时，布布其发现前面有条小河，布布其带着小狗来到河边喝水。“这是快乐河，只有真正知道数学乐趣的人才能进入聪明时代。”一个闷闷的声音说。

布布其抬头一看，是一个胖警官。布布其说：“你是谁？”胖警官客气地回答：“我是‘笨警官’，但我可不笨呦！我要考考外来人知道不知道数学的乐趣，这样他才有资格进入聪明时代。现在，我要考考你啦！”布布其说：“好！”

笨警官把6把锁给他，让他试试最多要开多少次。

布布其算对了：6 + 5 + 4 + 3 + 2 + 1=21（次）。他进入了聪明时代！

布布其发现这里的人都很古怪：有人把数学书顶在头上，有人把用数字打造成的衣服穿在身上，甚至还有人“吃”书！

布布其自言自语道：“看来我也需要打扮一下！”说着，他走进了一家商店。

在商店里，所有的东西都是数字。在一个角落里，布布其发现了一个按钮，他按了一下，发现有一个密道，便好奇地走了进去。

布布其看到了一本书，名叫《哈哈！数学原来超有趣！》。布布其打开了它，一道刺眼的光束射了出来，把整个屋子照亮了。

白头翁走了出来，交给布布其一张地图：

错误=5　　禁区=11　　正通=61

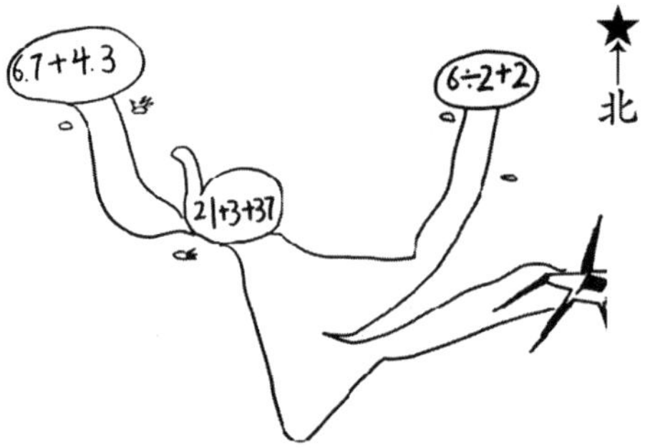

布布其发现自己就在禁区的旁边，他连忙往回跑，然后发现了一条银色的小路，他打开地图一看，已经步入正轨啦！只要先往南走，再往东北走，就可以啦！

布布其走啊走，终于到了，他看见了一颗水晶球，水晶球里面传来声音：“你已经知道了数学的真正含义！你打败了最强的对手——你自己！”

10颗糖

◎ 智慧花数学社团 崔鸿格

一天，老虎把小兔子抓住，让它做仆人。小兔子很不服气，不过谁让它那么弱小，老虎那么强大呢？

最近，老虎迷上了吃糖，于是，就让小兔子去超市给它买十个糖，要求是：分别买棒棒糖、巧克力糖、奶糖三种糖，而且只要任意抓三个糖，其中就会有棒棒糖。

小兔子数学不太好，只好找小猴子请教。小猴子很有耐心地教小兔子：“你看，假如我买了八个棒棒糖，一个巧克力糖，一个奶糖。如果我把巧克力糖和奶糖拿了以后，只剩下八个棒棒糖了。因此，我只能拿棒棒糖。”

“谢谢小猴子！”

“不客气。”

然后，小兔子高高兴兴地去买那十个糖了。

谁厉害

◎ 智慧花数学社团 唐林堃

一天，上古炎兽和远古鱼龙在火山星相遇了，它们两个要比谁厉害。上古炎兽想：它水系克我火系，我看和它比比谁聪明更有胜算。上古炎兽对远古鱼龙说：“我们来点文明的比赛，比数学题好不好？”远古鱼龙答应了。“我出一题你回答，你答不上来你就败了。”上古炎兽说，“我的沧炎日无极威力150武力值，一招热血加攻击25武力值，我用15次热血再用1次沧炎日无极，共有多少武力值？”远古鱼龙想了半天也没想出答案。上古炎兽对它说：“25×15=375（武力值），375+150=525（武力值）。”“你回家要多看数学书。”上古炎兽接着又说。

迷路的粉凤凰

◎ 智慧花数学社团　王兆星

在数学森林里，有凤凰的家，那里有一个最聪明的粉凤凰，它有一个伙伴小狗，小狗叫“小球”，还有一个帮手“小乘”。

一天，粉凤凰准备出去，便带着小狗“小球”和“小乘”出发了。可是，长长的野草让它们看不到去路。粉凤凰说：“小乘，飞机。”小乘变成飞机，粉凤凰跑过去，只见门上写着：请看以下一个算式，对的按绿键，错的按红键。

$$
\begin{array}{r}
34 \\
\times\ 32 \\
\hline
68 \\
102\ \ \\
\hline
1088
\end{array}
$$

粉凤凰想都没想就按绿键，门开了。

“快乐动物村庄”的故事

◎ 智慧花数学社团　徐一曼

从前，在那遥远的小山村里住着一群动物，有大象伯伯、猴子弟弟、聪明兔、笨笨猪等。它们每天都在一起快乐地生活着。当然村庄的名字也和“快乐”这个词有关，它叫“快乐动物村庄”。好了，今天我就给大家讲一下关于“快乐动物村庄”的事情。

有一天，笨笨猪想吃棒棒糖，于是它出了门，向糖果店走去。在糖果店的大象伯伯看见有客人来了，就马上起身微笑着问笨笨猪需要点什么，笨笨猪这才发现，出门时忘带钱了。笨笨猪叹了口气，这时它脑袋一想，说道：“大象伯伯你还不知道吧，我可是神仙派来给你们快乐动物村庄当管理员的，你还不起来给我拿

16个棒棒糖。”大象伯伯笑了笑说：“哈哈，你起的名字上都有笨这个字，神仙怎么会派你给我们村庄当管理员呢？”

这时路过的聪明兔听到了它们的说话声，走过来对笨笨猪说：“我听说你是神仙派过来给我们当管理员的，是吗？被神仙派来当管理员的都是最聪明的，我就出几道题考考你，听说你让大象伯伯给你拿16个棒棒糖，一个3元，16个多少元呢？”笨笨猪想了想说，一共是46元。聪明兔说：“错！一共是48元，看来你不是神仙派来的。”笨笨猪只好垂头丧气地回家了。大象伯伯看笨笨猪挺可怜的，就送给了它3个棒棒糖，并告诉它以后不要再说谎了。

数学探险家雷克

◎ 智慧花数学社团　余浩南

一天，数学探险家雷克无意中进入时空隧道，时空隧道把他带到了数学世界，并且雷克手中还多出一个导航仪。导航仪发出声音：“你向前走$6\times3\times2\div4$千米就可以到数学村。”雷克想$6\times3\times2\div4=9$（千米），然后他向前走了9千米只看到了一棵树，树上刻着：你如果想去数学村，就要先按旁边的按钮，然后回答三道题，答对了可以到数学村，如果错了就要永远待在这里，同意按绿色按钮，不同意按红色按钮。雷克非常爽快地同意了，他按了一下绿色按钮，突然，那棵树长出一个鼻子、一张嘴、一双耳朵和一对眼睛，把雷克吓了一大跳。大树说：“请听题：一天小明买了1斤黄瓜、2斤肉、3斤萝卜、4斤青菜和5斤豆芽，黄瓜每斤3元，肉每斤15元，萝卜每斤1.5元，豆芽每斤4元，青菜每斤2元，请问：一共花了几元钱？”雷克认真地想：$1\times3+2\times15+3\times1.5+5\times4+4\times2=65.5$（元），然后说：“一共65.5元。”大树点点头，一眨眼工夫，雷克就到数学村了。

爱数学的焦叶峰

◎ 智慧花数学社团　刘骐逢

有一片美丽的大森林，里面住着许多可爱的小动物，数学最好的当然要数焦叶峰了。它不仅学习好，而且还很勤劳，每天起早贪黑地为自己的小宝宝剪叶子盖房子，它能把每片用来盖房子的叶子剪得很圆。这几天毛毛虫姐姐的心情不太好，天天愁眉苦脸的。焦叶峰见了忙问："毛毛虫姐姐，怎么啦？为什么整天愁眉苦脸的呢？""唉，我就要变成蝴蝶了，要为自己织一件毛衣。妈妈说织一件毛衣要用14条叶脉，还要用一些叶子和花粉，叶子的数量是叶脉的1/7，是花粉的1/3，一共需要多少东西我算不出来，你能帮帮我吗？""这还不简单！14除以7得2（片），2乘3得6（颗），一共需要14条叶脉、2片叶子、6颗花粉。"焦叶峰爽快地回答。"你真是森林里的小小数学家啊，太谢谢你了我的朋友。"毛毛虫说。"朋友之间不用客气的，互相帮助是应该的。"说完焦叶峰又开开心心地去剪要用来盖房子的树叶了。

蓝云儿历险记之黑洞

◎ 智慧花数学社团　王兆星

这天，蓝云儿想去太空玩，于是参加了太空之旅活动。很快，蓝云儿来到了太空，被一股引力吸了过去，蓝云儿看清了那是黑洞，害怕极了。蓝云儿来到黑洞前，黑洞开口说："你要能答对我的问题，你就进来玩；如果你答不出来，你就会消失得无影无踪。"蓝云儿害怕地点点头。黑洞又说："一桶豆油，第一天用去了一半，第二天又用去了剩下的一半，第三天又用去了剩下的一半，这时这桶油里还剩1/2千克豆油。这桶里原来有多少千克豆油？"蓝云儿立即回答："4千克，对吗？"黑洞笑了，让她进去玩了。小朋友们，你知道蓝云儿怎么算的吗？

斗龙战士

◎ 智慧花数学社团　唐林堃

天乐、美含、安小达，还有欧阳零，经过射手星龙和双鱼星龙的帮忙，终于到了天秤星龙这里。可是天秤星龙不想用时空镜送他们去斗龙圣地，就说：“你们只要答对我一题，我就送你们去斗龙圣地。”“我们答应！”天乐说。“第一题，一只蜗牛掉到井里了，井深10米，蜗牛每天白天爬5米，晚上落2米，问：蜗牛几天才能爬上来？”“3天就可以了。”欧阳零说。“为什么？”“蜗牛第一天爬了5米落2米。5−2=3（米），第二天也是3米，一共爬了3+3=6（米），第三天白天爬5米就可以出来了，6+5=11（米），11>10。”欧阳零说道。“好吧，我带你们去。”

天乐、美含、安小达和欧阳零因为答对了天秤星龙的问题，所以天秤星龙把他们送到斗龙圣地。天乐他们一来到斗龙圣地，就看到一座金黄色的大房子，这座大房子有一扇棕色的大门。突然，大门说了一句话：“只要你们能把1—9这9个数字正确填到这个九宫格中，使每一列或每一行相加都等于15，门就会开。”

美含想了一下，走到九宫格前说：“让我试一试。”说着她就把数字小心翼翼地填到九宫格里面。

4	9	2
3	5	7
8	1	6

她刚把数字填进去，门就开了。

一场别开生面的数学比赛

◎ 智慧花数学社团　党彤睿

一年一度的数学比赛开始了，森林里热闹非凡，今年参加比赛的有乌龟、老虎……

比赛开始了。天鹅老师先给这些考生各发了一张试卷，然后对它们说："谁能在规定的时间内算得又对又快，就可以获得'智慧杯'大奖。"

天鹅老师的话一说完，这些考生就开始动笔了。兔子做得很快，不一会儿已经做一大半了。我们来看看它的考卷。你看：80−70=150、20÷4=80……多马虎啊！连运算符号都没看清楚。

再看看狮子和老虎。咦！怎么不见狮子和老虎呢！只看见一大堆一大堆的稿子。上前一看，只见狮子、老虎正忙得不亦乐乎呢！原来，狮子每做一道题都要拿出稿纸计算一下。稿纸越堆越多，把狮子的头都给淹没了。而老虎更夸张，每做完一道题，就拿出稿纸验算一次，难怪做得满头大汗。

乌龟平时是慢性子，可这次它的头脑转得一点儿也不慢。你看这道题算得多巧妙：3456−999=3456−1000+1=2457。乌龟运用了简便算法很快就做完了试卷，而且做得又对又快！

最后，乌龟获得了"智慧杯"大奖。

不可小看的小数点

◎ 智慧花数学社团　王子萌

今天，森林里举行了一场隆重的跑步比赛。

参加比赛的有猴子、松鼠、毛毛虫。经过1分钟的拼搏，成绩如下：猴子跑了52.3米，松鼠跑了72.8米，毛毛虫爬了1.007米。忽然有人说："快给我滚开小数点，你长得真像人脸上的麻子。"小数点生气极了，就走开了。大象裁判开始宣布名次了：第三名猴子跑了523米，第二名松鼠跑了728米，第一名毛毛虫爬了1007米。这时大家都非常惊讶，怎么往常爬得慢腾腾的毛毛虫成了第一名。

我一下子从梦中惊醒，原来生活中少了小数点就会天下大乱啊！我今后一定要认真用好这看来不起眼的小数点。

《马小跳玩数学》（4）阅读交流课教学设计

学科：小学数学

适合年级：4年级

课型：读书交流

一、作品分析

《马小跳玩数学》（4）带给我们的是一个生活中的数学世界。在这里，马小跳会带着你一起去发现生活中的数学，一起玩各种数学游戏。

二、学生分析

在积极阅读的过程中，学生有了分享的需要。于是，我就搭建了分享的平台，分享他们的思考，也引导学生理解得更加深刻。

三、教学目标

1. 通过《马小跳玩数学》（4）的阅读交流，感受数学的有趣，并积极主动地进行阅读。

2. 通过阅读交流，引导学生在阅读中积累，提高学生的语言表达能力，促进学生数学思维的发展。

3. 通过阅读交流自己最喜欢的故事情节和对马小跳的感受，引导学生形成积极向上的数学学习习惯，感受数学阅读的魅力。

四、教学过程

1.题目入手，畅谈感受。

开学至今，我们一直在阅读《马小跳玩数学》（4），现在请你再谈一谈对这本书的书名——《马小跳玩数学》有哪些新的理解。

学生谈理解。

小结：正如同学们所说，玩数学，而不是学习枯燥的数学，这让我想起了数学大师陈省身写的“数学好玩”，“数学好玩”“玩转数学”一时成为数学学习的经典语句，让我们一起分享阅读后的感受和收获。

2. 读书交流，分享体会。

《马小跳玩数学》的主人公是马小跳，通过开学以来的阅读，你认为马小跳是一个怎样的人？

学生可能会回答出以下情况：

聪明的马小跳、乐于助人的马小跳、热爱数学的马小跳、不懂就问的马小跳……

交流提示：

引导学生能够用阅读的一些具体事例、故事进行交流，能够把文中细节和阅读感受进行交流。

3. 联系自我，总结提升。

分享了同学们交流的马小跳玩数学的故事，从这些故事中，你受到了哪些启发？

小结：看来，数学阅读让我们班的学生更爱数学，阅读《马小跳玩数学》的同时，我们也用数学的眼光看待生活，把数学融入生活中，才会知道数学如同呼吸一样自由地存在于生活的方方面面。希望同学们一起分享数学的有趣，一起走进美妙的数学百花园，一起品味数学学习的快乐。

《马小跳玩数学》（4）阅读评价课教学设计

学科：小学数学

适合年级：4年级

课型：读书交流

一、作品分析

《马小跳玩数学》（4）最大的理念是让孩子们爱上数学。这本书紧紧抓住孩子感兴趣的事物——故事，不露痕迹地把故事与数学相结合，让学生在阅读数学故事的同时学习数学，让他们发现数学原来就在身边，是这样有趣。

二、学生分析

学生经历了一学期的数学阅读，有了一定的阅读方法，也积累了一些阅读的成果，再进行阅读成果的展评，能够有效地激发学生的成就感，推进数学阅读课程的深入实施。在阅读评价课上，学生愿意将自己的阅读成果进行分享，愿意将阅读内容进行评价，与同伴分享。

三、设计理念

数学阅读如果没有评价，就不能激发学生课外阅读的兴趣，不能真正提高学生的数学素养。

数学阅读评价是根据一定的评价标准，采取各种定性、定量的评价方法，对数学阅读的价值作出判断并寻求改进途径，我们尝试“教—学—评”一致，通过一体化的实施，促进数学阅读走向深入。

四、教学目标

1. 通过《马小跳玩数学》（4）的阅读展示，感受数学的有趣，并进行过程性评价。

2. 通过阅读评价，引导学生在阅读中积累，提高学生的数学阅读积极性。

3. 通过阅读评价，引导学生形成积极向上的数学学习精神，感受数学阅读的魅力。

五、教学过程

1. 自评

把本学期的《马小跳玩数学》（4）阅读、批注进行自我检查，根据自我批注情况进行等级评定。

2. 小组评定

4人小组进行评定，先个人介绍阅读、批注情况，并介绍一个最精彩的故事，以此作为评价依据。4人商量是否符合自评情况，并进行针对性评价，给出适当的等级，填写相关等价评价表。

阅读情况统计表

评价等级 / 姓名	优秀	良好	合格

3. 全班评选

将各个小组推选出的最佳学生进行全班展示，接受全班学生和教师的评价。教师要在此环节参与评选，并提出一些针对性的问题。

4. 宣布全班阅读情况

将各个小组统计表进行汇总，宣布本学期“阅读之星”。

智慧花数学社团阅读情况统计表

评价等级 / 姓名	优秀	良好	合格

将此表张贴在班里，便于学生查找自己的不足，争取下学期有所改观。

附录一

数学阅读学生阅读策略的
行动研究访谈提纲（学生）

同学们：

你们好！为了使老师更多地了解同学们对有关数学阅读方面的情况，请同学们根据自己的实际情况做出真实的回答。本次访谈没有对错之分，对你的访谈结果我们会严加保密，希望你们能将真实的情况和想法告诉老师。谢谢！

1. 你喜欢阅读吗？

A.非常喜欢　　B.一般　　C.不喜欢

2. 你是否乐意通过数学课外阅读了解更多有趣的数学知识，开拓自己的视野？

A.是　　B.不是

3. 你认为在数学课外阅读的过程中，遇到的主要困难是什么？

附录二

数学阅读学生阅读策略的
行动研究访谈提纲（教师）

老师：

您好！为了了解学生的数学课外阅读现状，我们开展此次访谈活动，谢谢您的参与。希望您根据自己的实际情况如实作答，我们将对您的访谈内容保密，谢谢您的配合。

1．你认为数学课外阅读对学生的数学学习有没有帮助？

A.很有帮助　　　B.没有帮助

2．你认为在数学课外阅读的过程中，遇到的主要困难是什么？

附录三

部分学生的数学小论文发表情况[1]

1998年8月　辅导黑光月、余思泓、胡子博同学撰写的“小数点的位置移动引起小数大小的变化规律”系列文章发表在《小学数学》（7—8月）

2004年3月　辅导桑林晖、赵雅聪、张铭政撰写的3篇数学日记、数学童话发表在《数学大世界》（小学低年级版）

2004年5月　辅导汤轩懿撰写的数学童话发表在《数学大世界》（小学低年级版）

2004年6月　辅导宋天阳撰写的数学童话发表在《小学生学习报》（小学三四级版）

2004年6月　辅导桑林晖撰写的数学日记发表在《数学大世界》（小学低年级版）

2004年8月　辅导宋天阳撰写的数学日记发表在《数学大世界》（小学低年级版）

[1] 仅呈现2014年以前的部分发表情况。

2004年9月	辅导朱瑞雪撰写的数学日记发表在《数学大世界》（小学中高年级版）
2004年12月	辅导汤轩懿撰写的数学童话发表在《数学大世界》（小学低年级版）
2005年2月	辅导桑林晖撰写的数学日记二则发表在《数学大世界》（小学低年级版）
2005年3月	辅导宋天阳撰写的数学童话《被冤枉的“≈”》发表在《小学生学习报》（三四年级版）
2005年3月	辅导汤轩懿撰写的数学日记《巧克力里边的学问》发表在《数学大世界》（小学低年级版）
2005年3月	辅导张廷尧撰写的数学日记《去动物园》发表在《数学大世界》（小学低年级版）
2005年4月	辅导桑林晖撰写的数学日记《妈妈挣钱不容易》发表在《数学大世界》（小学低年级版）
2005年4月	辅导张廷尧撰写的数学日记《分饮料》发表在《数学大世界》（小学低年级版）
2005年6月	辅导黄耀磊撰写的数学日记《“打八折”与“买十送一”》发表在《小学生学习报》（三四年级版）
2005年8月	辅导王晓宇撰写的数学日记《快乐的生日》发表在《数学大世界》（小学低年级版）
2005年8月	辅导李恒臻撰写的数学日记《打毛衣的学问》发表在《小学生学习报》（三四年级版）
2005年8月	辅导杜新鹏撰写的数学日记《为什么0不是正数也不是负数》发表在《小学生学习报》（三四年级版）

2005年9月　辅导刘华璐撰写的数学日记《工人叔叔的考题》发表在《数学大世界》（小学低年级版）

2005年9月　辅导毛凯芮撰写的数学日记《睡眠时间》发表在《小学生学习报》（三四年级版）

2005年11月　辅导毛凯芮撰写的数学日记《我会算睡眠的时间啦》发表在《数学大世界》（小学低年级版）

2006年2月　辅导毛凯芮撰写的数学日记《购书中的学问》发表在《小学生学习报》（三四年级版）

2006年3月　辅导赵雅聪撰写的数学日记《第一次当"老师"》发表在《数学大世界》（小学低年级版）

2006年6月　辅导毛凯芮撰写的《"24岁"的爷爷》发表在《数学大世界》（小学低年级辅导版）

2006年8月　辅导李筱涵撰写的数学日记《数风筝》发表在《小学生学习报》（三四年级版）

2006年11月　辅导刘圣可撰写的数学日记《节约用水》发表在《少年素质教育报》（小学数学版）

2007年2月　辅导王倩撰写的数学日记《旅游中买水的思考》发表在《数学大世界》（小学低年级辅导版）

2007年11月　辅导毛凯芮撰写的数学日记发表在《小学生学习报》（三四年级版）

2009年2月　辅导柳萧撰写的数学日记《垃圾带给我们的烦恼》发表在《少年智力开发报》（小学数学六年级）

2009年2月　辅导靳杨楠撰写的数学小论文《奇妙的123》发表在《少年智力开发报》（小学数学六年级）

2009年2月	辅导荆哲撰写的数学日记《投球与进球》发表在《少年智力开发报》（小学数学六年级）
2009年2月	辅导刘冰琦撰写的数学日记《人小鬼大》发表在《少年智力开发报》（小学数学六年级）
2009年2月	辅导王雪莹撰写的数学日记《存钱》发表在《少年智力开发报》（小学数学六年级）
2009年2月	辅导王雪莹撰写的数学日记发表在《小学生学习报》（三四年级版）
2010年2月	辅导王真臻撰写的数学日记发表在《小学生学习报》（三四年级版）
2010年9月	辅导牛冠华撰写的数学日记发表在《小学生学习报》（三四年级版）
2010年11月	辅导孟泽隆撰写的数学日记发表在《小学生学习报》（三四年级版）
2010年12月	辅导李珂欣撰写的数学日记《一列火车能载多少旅客》发表在《小学生学习报》（三四年级版）
2011年1月	辅导靳朝琳撰写的数学日记发表在《小学生学习报》（三四年级版）
2011年3月	辅导宋奕璇撰写的数学日记两篇发表在《小学生学习报》（一二年级版）
2011年3月	辅导张一凡撰写的数学日记发表在《小学生学习报》（三四年级版）
2011年4月	辅导宋奕璇撰写的数学日记发表在《小学生学习报》（一二年级版）

2011年4月　辅导宋奕璇撰写的数学日记《在生活中学习数学》发表在《数学大世界》（一二年级版）

2011年5月　辅导崔鸿格撰写的数学连环画发表在《小学生学习报》（三四年级版）

2011年6月　辅导刘骐逢撰写的数学日记《难忘的展销会》发表在《小学生学习报》（三四年级版）

2011年7月　辅导王文庆撰写的数学日记《关于闰年的探究》发表在《小天使报》（四年级版）

2011年7、8月　辅导刘骐逢撰写的数学日记发表在《小学生学习报》（三四年级版）

2011年11月　辅导靳朝琳撰写的数学日记《爷爷的运动量够吗》发表在《小学生学习报》（三四年级版）

2011年11月　辅导赵雨歌撰写的数学日记《电线杆的学问》发表在《数学大世界》（三四年级）

2011年12月　辅导王文君撰写的数学日记《交学费》发表在《数学大世界》（三四年级）

2012年1月　辅导张含钰撰写的数学日记《有趣的分数》发表在《数学大世界》（三四年级版）

2012年3月　辅导刘骐逢撰写的数学日记《生病真难受》发表在《小学生学习报》（三四年级版）

2012年4月　辅导刘琪逢撰写的数学日记《打折中的数学》发表在《小天使报》（三年级版）

2012年4月　辅导冯乐宁撰写的数学日记《我也会兑换港币》发表在《数学大世界》（三四年级版）

2012年5月　辅导高汇源撰写的数学日记《棋盘的面积》发表在《小学生学习报》（三四年级版）

2012年5月　辅导王子萌撰写的数学日记《购物中的数学》发表在《小学生学习报》（三四年级版）

2012年6月　辅导高汇源撰写的数学日记《快速公交真好》发表在《小天使报》（三年级版）

2012年6月　辅导刘骐逢撰写的数学日记《称职的小会计》发表在《数学大世界》（三四年级）

2012年6月　辅导高汇源撰写的数学日记《扑克牌的点数之和》发表在《小学生学习报》（三四年级版）

2012年7月　辅导高汇源撰写的数学日记《不错的收入》发表在《小天使报》（三年级）

2012年8月　辅导王若楠撰写的数学日记《买药记》发表在《数学大世界》（三四年级）

2012年10月　辅导高汇源撰写的数学日记《我的画笔》发表在《数学大世界》（三四年级）

2012年11月　辅导刘骐逢撰写的数学日记《童年的回忆》发表在《数学大世界》（三四年级）

2012年12月　辅导王子萌撰写的数学日记《哪个更划算》发表在《数学大世界》（三四年级）

2012年12月　辅导宋奕璇撰写的数学日记《页码中的数学》发表在《少年素质教育报》

2012年12月　辅导高汇源撰写的数学日记《我的画笔》发表在《少年素质教育报》

2012年12月	辅导刘欣如撰写的数学日记《分馒头中的学问（一）》发表在《少年素质教育报》
2012年12月	辅导刘欣如撰写的数学日记《分馒头中的学问（二）》发表在《少年素质教育报》
2012年12月	辅导刘骐逢撰写的数学日记《巧买金鱼》发表在《小天使报》（三年级版）
2013年1月	辅导宋奕璇撰写的数学日记《低碳生活，从节约开始》发表在《小天使报》（三年级版）
2013年2月	辅导刘骐逢撰写的数学日记《我和妈妈买金鱼》发表在《数学大世界》（三四年级）
2013年2月	辅导宋伊蕊撰写的数学文章《用不变量解决问题》发表在《少年素质教育报》
2013年3月	辅导王景霖撰写的数学文章《步测电线杆》发表在《小学生学习报》（三四年级版）
2013年5月	辅导王若楠撰写的数学文章《买药记》发表在《数学大世界》（三四年级）
2013年5月	辅导刘璇撰写的数学文章《联系生活　学会思考》发表在《数学小灵通》（三四年级版）
2013年5月	辅导王若楠撰写的数学文章《怪题》发表在《少年素质教育报》
2013年5月	辅导满阳撰写的数学文章《怪题》发表在《少年素质教育报》
2013年6月	辅导胡世瑞撰写的数学文章《巧解容量题》发表在《少年素质教育报》
2013年8月	辅导刘骐逢撰写的数学童话《贪心的大黑猪》发表在《小天使报》（四年级版）

2013年8月　辅导崔鸿格撰写的数学日记《巧算一副扑克牌的和》发表在《小天使报》（三年级版）

2013年8月　辅导胡世瑞撰写的《换个角度来思考》发表在《少年素质教育教育报》

2013年9月　辅导盛浩宇绘制的数学连环画《选择》发表在《小学生报》（中高年级版）

2013年11月　辅导胡世瑞撰写的《到底哪种方法好》发表在《数学大世界》（五六年级）

2014年3月　辅导陈怡可撰写的数学日记《神奇的数学》发表在《数学大世界》（三四年级）

2014年4月　辅导宋璇撰写的数学日记《我们家的小会计》发表在《数学大世界》（三四年级）

2014年5月　辅导学生闫鑫瑞撰写的数学日记《新桌布的问题》发表在2014年5月5日《小作家报》

2014年5月　辅导刘奕璇撰写的数学日记《爸爸也“犯错”》发表在《小学生学习报》（三四年级版）

2014年5月　辅导张奕撰写的数学日记《图画的大小》发表在《数学大世界》（三四年级）

2014年6月　辅导刘骐逢撰写的数学日记《节约能源　温暖过冬》发表在《小学生学习报》（三四年级版）

2014年6月　辅导张璇撰写的数学日记《我身边的长度单位》发表在《小学生学习报》（一二年级版）

2014年8月　辅导刘可心撰写的数学日记《智赢礼物》发表在《数学大世界》（三四年级）

2014年12月　　辅导刘琴璇撰写的《巧测床的长度》发表在《小学生学习报》（三四年级）

附录四

作者撰写的部分有关数学阅读的文章发表情况[1]

2003年7月　在《小学生学习天地》（数学版）发表《巧用线段图解答应用题》

2004年3月　在《数学大世界》发表《利用“工程问题”的思路更简单》和《数一数　涂一涂》

2004年6月　在《数学大世界》（小学中高年级版）发表数学童话《快乐谷传奇》

2004年8月　在《数学大世界》（小学低年级版）发表《算一算　涂一涂》

2004年9月　在《数学大世界》（小学低年级版）发表《抢气球》

2005年2月　在《数学大世界》（小学低年级版）发表《帮小动物回家》

2005年3月　在《小学生学习报》（三四年级版）发表《聪明的0》

2005年5月　在《小学生学习天地》（数学版）发表《巧用线段图解答应用题》

2005年6月　在《小学生学习报》（三四年级版）发表《谁的方法公平》

[1] 仅呈现2014年以前的部分发表情况。

2005年10月　在《小学生学习报》（三四年级版）发表《有趣的跷跷板》

2005年10月　在《数学大世界》（小学低年级版）发表《有趣的跷跷板》

2006年2月　在《小学生学习报》（三四年级版）发表《关于摸球的预测》

2006年4月　在《小学生学习报》（三四年级版）发表《租房中的学问》

2006年7月　在《数学大世界》（小学低年级版）发表《任意摸球的预测》

2011年4月　在《小学生学习报》（一二年级版）发表《摆棋子游戏》

2011年4月　在《小学生学习报》（一二年级版）发表《平移了几格》

2011年5月　在《小学生学习报》（一二年级版）发表《估算检验法》

2011年5月　在《小学生学习报》（一二年级版）发表《正确读时间》

2011年9月　在《小学生学习报》（五六年级版）的《小故事大数学》栏目连载发表《合算的选择》

2011年10月　在《小学生学习报》（五六年级版）的《小故事大数学》栏目连载发表《多多少与少多少》

2011年10月　在《小学生学习报》（五六年级版）的《小故事大数学》栏目连载发表《转来的女生人数》

2011年10月　在《小学生学习报》（五六年级版）的《小故事大数学》栏目连载发表《奶奶的年龄》

2011年11月　在《小学生学习报》（五六年级版）的《小故事大数学》栏目连载发表《测灯泡容积》

2011年11月　在《小学生学习报》（五六年级版）的《小故事大数学》栏目连载发表《数手指》

2011年11月　在《小学生学习报》（五六年级版）的《小故事大数学》栏目连载发表《拍照片》

2011年11月　在《小学生学习报》（五六年级版）的《小故事大数学》栏目连

载发表《巧算浇地面积》

2011年11月　在《小学生学习报》（五六年级版）的《小故事大数学》栏目连载发表《揭穿谎言》

2011年12月　在《小学生学习报》（一二年级版）发表《不重复 不遗漏》

2012年1月　在《小学生学习报》（五六年级版）的《小故事大数学》栏目连载发表《半桶水》

2012年1月　在《小学生学习报》（五六年级版）的《小故事大数学》栏目连载发表《开锁中的数学》

2012年2月　在《小学生学习报》（五六年级版）的《小故事大数学》栏目连载发表《估算的妙用》

2012年2月　在《小学生学习报》（五六年级版）的《小故事大数学》栏目连载发表《巧妙过桥》

2012年3月　在《小学生学习报》（五六年级版）的《小故事大数学》栏目连载发表《存钱罐里的钱数》

2012年5月　在《数学大世界》（五六年级版）发表《爸爸的魔法》

2012年6月　在《数学大世界》（五六年级）发表《“吹牛”的爱因斯坦》

2012年9月　在《数学大世界》（五六年级）发表《有趣的跳房子》

2012年9月　在《数学大世界》（五六年级）发表《9月，写给家长的话》

2012年9月　在《数学大世界》（三四年级）发表《巧“称”体重》

2012年9月　在《小学生学习报》（三四年级版）发表《设计儿童乐园》

2012年9月　在《小学生学习报》（三四年级版）发表《数图形》

2012年9月　在《小学生学习报》（五六年级版）发表《确定位置》

2012年9月　在《小学生学习报》（五六年级版）发表《移火柴棒》

2012年10月　在《数学大世界》（五六年级）发表《10月，写给家长的话》

2012年10月	在《小学生学习报》（三四年级版）发表《数手指的学问》
2012年10月	在《小学生学习报》（五六年级版）发表《有用的错题本》
2012年11月	在《数学大世界》（五六年级）发表《11月，写给家长的话》
2012年11月	在《数学大世界》（五六年级）发表《悖论带给我们的思考》
2012年11月	在《少年素质教育报》发表《巧数图形个数》
2012年11月	在《少年素质教育报》发表《巧换饮料》
2012年11月	在《少年素质教育报》发表《巧建儿童乐园》
2012年11月	在《小学生学习报》（三四年级版）发表《与众不同的数》
2012年11月	在《小学生学习报》（五六年级版）发表《悖论》
2012年11月	在《小学生学习报》（五六年级版）发表《跳房子游戏》
2012年12月	在《数学大世界》（五六年级）发表《精打细算》
2012年12月	在《小学生学习报》（三四年级版）发表《变换思维想一想》
2012年12月	在《小学生学习报》（三四年级版）发表《怎样走最近》
2012年12月	在《小学生学习报》（五六年级版）发表《巧用单位“1”》
2012年12月	在《小学生学习报》（五六年级版）发表《五年级数学期末闯关》
2013年1月	在《小学生学习报》（五六年级版）发表《估算小鸡数》
2013年1月	在《小学生学习报》（五六年级版）发表《捉迷藏中的智慧》
2013年1月	在《小学生学习报》（三四年级版）发表《有趣的抽屉原理》
2013年1月	在《小学生学习报》（三四年级版）发表《巧称药品》
2013年2月	在《数学大世界》（五六年级）发表《1月，写给家长的话》
2013年2月	在《数学大世界》（五六年级）发表《怎样过寒假》
2013年2月	在《数学大世界》（三四年级）发表《复习总动员》
2013年2月	在《小学生学习报》（三四年级版）发表《归还钱包》

2013年3月	在《数学大世界》（五六年级）发表《妙用列表》
2013年3月	在《数学大世界》（三四年级）发表《有趣的数字谜》
2013年3月	在《小学生学习报》（三四年级版）发表《赔偿中的数学》
2013年3月	在《少年素质教育报》发表《淘气的题目》
2013年4月	在《数学大世界》（五六年级）发表《4月，写给家长的话》
2013年4月	在《数学大世界》（五六年级）发表《巧用倍数解决问题》
2013年5月	在《数学大世界》（一二年级）发表《智分弹珠》
2013年5月	在《数学大世界》（五六年级）发表《5月，写给家长的话》
2013年5月	在《数学大世界》（五六年级）发表《好玩的猜数游戏》
2013年5月	在《小学生学习报》（三四年级版）发表《巧移火柴棒》
2013年5月	在《小学生学习报》（五六年级版）发表《返璞归真的思考》
2013年5月	在《学习周报》发表《智取火柴棒》《抛硬币》《好玩的数学游戏》
2013年6月	在《数学大世界》（五六年级）发表《6月，写给家长的话》
2013年6月	在《小学生学习报》（三四年级版）发表《巧摆方砖》
2013年7月	在《少年素质教育报》的《师说新课堂》专栏发表《巧用数据特征解决问题》
2013年7月	在《数学大世界》（五六年级）发表《暑假，写给家长的话》
2013年7月	在《数学大世界》（三四年级）发表《淘淘摆方砖》
2013年9月	在《小学生报》（中高年级版）发表《巧用线段图　问题变简单》
2013年10月	在《小学生学习报》（五六年级版）发表《有意思的一笔画》
2013年10月	在《数学大世界》（五六年级）发表《大约有多少只小鸡》
2013年12月	在《小学生报》（中高年级版）发表《购买哪种卡更合算》

2013年12月　在《小学生学习报》（三四年级版）发表《多出的人数》

2013年11月　在《学习周报》（人教六年级）发表《智取火柴棒》

2014年2月　在《小学生学习报》（三四年级版）发表《吃馒头的问题》

2014年3月　在《小学生报》（中高年级版）发表《捉迷藏中的智慧》

2014年3月　在《数学大世界》（三四年级）发表《捉迷藏中的智慧》

2014年4月　在《数学大世界》（五六年级）中发表《谁拿走了三元钱》

2014年6月　在《小学生报》（中高年级版）发表《三元钱去哪了》

2014年6月　在《小学生学习报》（三四年级版）发表《数学对抗赛》

2014年12月　在《小学生学习报》（三四年级）发表《是半桶水吗》

参考文献

[1]波利亚.怎样解题[M].北京：科学出版社，1982.

[2]顾明远主编.教育学大词典[M].上海：上海教育出版社，1991.

[3]弗赖登塔尔.作为教育任务的数学[M].上海：上海教育出版社，1995.

[4]邵瑞珍，皮连生.教育心理学[M].上海：上海教育出版社，1997.

[5]林崇德.学习与发展[M].北京：北京师范大学出版社，1999.

[6]王继坤.现代阅读学教程[M].青岛：中国海洋大学出版社，1999.

[7]沃建忠.小学数学教学心理学[M].北京：北京教育出版社，2001.

[8]徐斌艳. 数学教育展望[M]. 上海：华东师范大学出版社，2001.

[9]傅海伦.数学教育发展概论[M].北京：科学出版社，2001.

[10]郑毓信，梁贯成.认知科学、建构主义与数学教学[M].上海：上海教育出版社，2002.

[11]李光树.小学数学教学论[M].北京：人民教育出版社，2003.

[12]喻平.数学教育心理学[M].南宁：广西教育出版社，2004.

[13]李兴贵.新课程数学阅读教学新论[M].四川：四川大学出版社，2006.

[14]蔡金法.中美学生数学学习的系列实证研究——他山之石，何以攻玉[M].北京：教育科学出版社，2007.

[15]河南校讯通教育科技有限公司编.阅读的力量（上）[M].郑州：河南文艺出版社，2012.

[16]郑州市教育科学研究所编.郑州教育重点课题研究（2015—2016学年）[M].北京：新华出版社，2017.

[17]宋君.新课程小学数学教学实践研究[M].长春：东北师范大学出版社，2018.

[18]弓爱芳.数学阅读及数学阅读能力培养的研究[D].武汉：华中师范大学，2006.

[19]邵光华.数学课堂阅读指导策略[J]. 课程·教材·教法，1998(3).

[20]邵光华.数学阅读——现代数学教育不容忽视的课题[J].数学通报，1999（10）.

[21]许世红，罗华.数学教学中培养中学生阅读能力的实验与思考[J].数学教育学报，2001，10（1）.

[22]董芳.让数学阅读走进课堂[J].山西科技，2005（3）.

[23]张晚籽.如何帮助学生进行数学阅读[J]. 教学与管理，2005（3）.

[24]李庆霞.数学阅读中的元认知理论的运用[J].机械职业教育，2006（1）.

[25]屈柱保.指导学生数学阅读的“八结合”原则[J].云梦学刊，2007（12）.

[26]董旭红.数学阅读教学策略探析[J].河北工程大学学报（社会科学版），2007，24(4).

[27]房元霞，姜晶，王艳华.加强数学阅读指导，培养学生的数学自学能力[J].曲阜师范大学学报，2008，34(3).

[28]王建锋.培养初中学生数学阅读能力的若干做法[J].数学学习与研究，2010（8）.

[29]沈菊萍.对中学生数学阅读能力培养的实践研究[J].数学学习与研究，2010（12）.

[30]宋君.数学课上的阅读课程[N].教育时报，2013.4.17(4).

[31]宋君.数学课外阅读的教育魅力[N].教育时报，2017.10.10(4).

核心素养时代，我们必须关注数学阅读（代后记）

2016年9月，中国学生发展核心素养总体框架正式发布，它以培养“全面发展的人”为核心。学生核心素养是学生具备的适应终身发展和社会发展需要的必备品格和关键能力。余文森教授认为阅读能力（输入）、思考能力（加工）和表达能力（输出）是三种关键的能力，这三种能力是人生走向成功的基石。

阅读能力是最基础、最关键的学习能力，它直接决定着学生学习效果的好坏和学习效率的高低。在开展数学阅读时，我总结了六大策略，将阅读、思考和表达有机结合，提升学生的关键能力。

人的智力结构的核心是思维能力，研究表明，很多思维能力是通过阅读培养的。所以，阅读对学生的发展至关重要。数学阅读，是学生生活的需要、成长的需要，更是人生的需要，能够帮助学生驶向美好的明天。愿我们和学生一起踏上数学阅读快车，在数学阅读中一起感受成长的快乐，一起品味书香的魅力。

数学阅读，会让学生的生活更加丰富多彩；数学阅读，会让学生感受到学习的快乐；数学阅读，会让学生收获幸福的愉悦……一路欢歌，一路成长，在数学阅读中不断汲取营养，成为最优秀的自己。

核心素养时代，我们必须关注数学阅读，在数学阅读开展实施的过程中提升学生的核心素养，促进学生智慧地成长。

回顾多年来行走在数学阅读的道路上，坎坷而富有成效。如果说，我在数学阅读有那么一点思考的话，首先，要感谢关注我成长的一大批专家、教授，是他们给予我无私的帮助和指导，是他们在繁忙的教学、科研任务中抽出大量时间，付出了许多精力，精心指导我做好数学阅读，真正引领着我做高品质的研究。尤其是蔡金法教授、刘坚教授、王永老师、王明明老师等新世纪小学数学教材编写组团队的专家，他们以渊博的学识、一丝不苟的治学作风、诲人不倦的教学态度激励我在工作、学习中不懈地努力。同时，我也要感谢全国新世纪小学数学杰出人才第三届高级研修班的同事们，感谢他们无私的帮助和鼓励。

感谢校讯通给我搭建了更宽广的平台，作为校讯通的第六届至第十届数学课外阅读专家评委，我在引领数学阅读的同时也汲取着老师们阅读的智慧，不断使我在数学阅读中智慧地行走着。

感谢我所在单位郑州市金水区实验小学的领导和同事们，是他们为数学课外阅读的开展提供了宝贵的原始资料和实践的沃土。

我还要感谢一直在我身后默默无闻地理解、帮助和支持我的妻子，正是她无私的奉献，使我有了更多的时间把自己的想法和思考梳理，分享给更多的人。

限于本人的水平，不妥之处，欢迎大家批评指正！